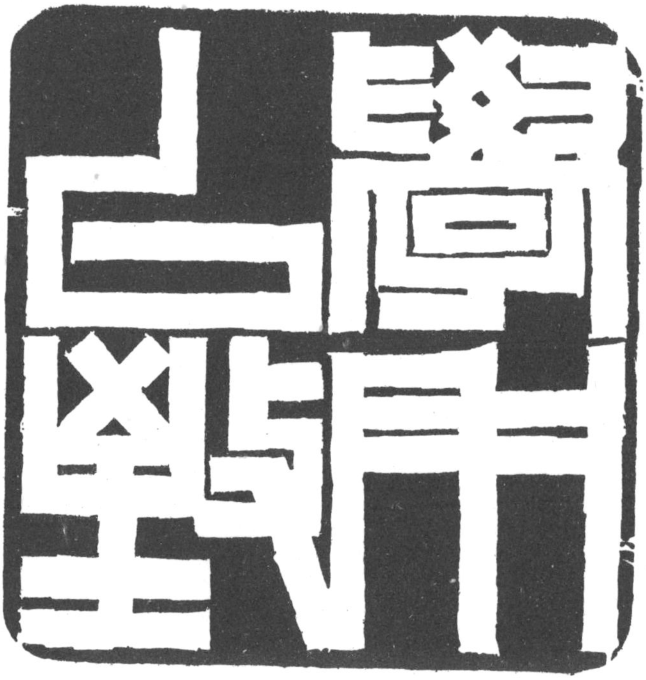

中国第一部立体成语词典

★第二卷

中国成语印谱

杨桂臣 编著

辽宁教育出版社

目录

E

F

G

H

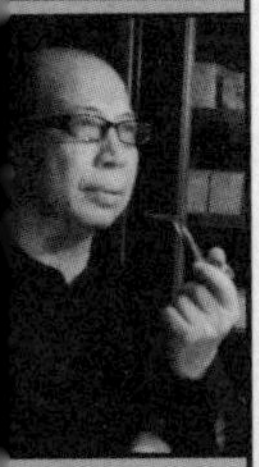

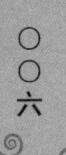

T

W

X

Y

公诸同好		【公诸同好】gōng zhū tóng hào 公：公开；诸：文言虚词“之、于”二字的合音；好：爱好。将自己所喜爱的东西向有共同爱好的人公开。
笑逐颜开		【笑逐颜开】xiào zhú yán kāi 逐：追随；颜：面容，脸色。形容高兴得满脸笑容。
放之四海而皆准		【放之四海而皆准】 fàng zhī sì hǎi ér jiē zhǔn 四海：古人认为中国四面都是海洋，因此用“四海”指全国各处，也指全世界各处；准：准确。无论放在什么地方都准确。语本《礼记·祭义》“推而放诸东海而准，推而放诸西海而准，推而放诸南海而准，推而放诸北海而准”。现在比喻具有普遍性的真理到处都适用。
奋起直追		【奋起直追】fèn qǐ zhí zhuī 奋：鸟类振翅起飞，形容振作起来。奋发起来，紧赶上去。

星星之火，可以燎原		【星星之火，可以燎原】xīng xīng zhī huǒ，kě yǐ liáo yuán 燎原：火烧原野。一点小火星，可以烧遍整个原野。比喻有生命力的微小事物，发展前途非常广阔。
无价之宝		【无价之宝】wú jià zhī bǎo 用多少钱也买不到的宝物。指极其稀有的珍贵东西。唐·鱼玄机《赠邻女》诗："易求无价宝，难得有心郎。"
庞然大物	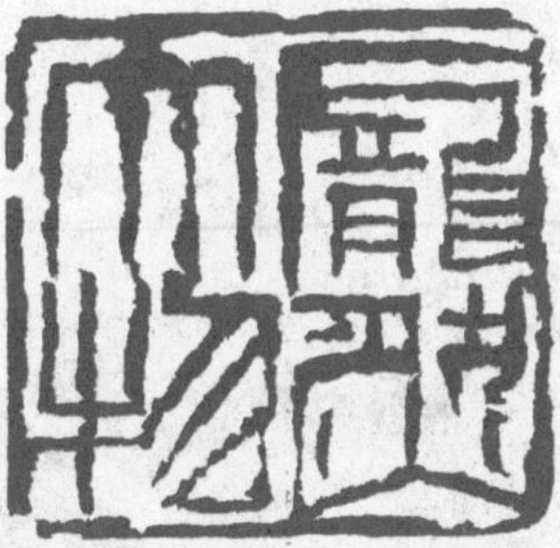	【庞然大物】páng rán dà wù 庞然：高大。形容很大很笨的一些东西。现多用来形容表面上很大而实际脆弱的东西。唐·柳宗元《河东先生集·三戒·黔之驴》里说，贵州没有驴子，有人用船运去了一头，到那儿没有什么用处，就放在山脚下。老虎跑来一看，"庞然大物也，以为神"，很有些害怕。但到后来，老虎发现大驴子并没有什么了不起的本领，就把它吃掉了。
通宵达旦		【通宵达旦】tōng xiāo dá dàn 通宵：一整夜；达旦：到天明。形容一夜到天亮。

防意如城		【防意如城】fáng yì rú chéng 意：欲念。指严格遏止自己的私欲，像守城防敌一样。语出宋·周密《癸辛杂识别集下·守口如瓶》。
凡事预则立，不预则废		【凡事预则立，不预则废】fán shì yù zé lì, bú yù zé fèi 预：一般指事先做好计划或准备；废：败坏。凡做一切事情在事先做好计划或准备就能成功，不这样就要失败。语出《礼记·中庸》。
一见如故		【一见如故】yī jiàn rú gù 故：指老朋友。初次相见就像老朋友一样。宋·张洎《贾氏谭录》："李邺侯为相日，吴人顾况西游长安，邺侯一见如故。"
防患未然		【防患未然】fáng huàn wèi rán 防：防备；患：灾祸；然：这样，如此；未然：没有这样，指没有形成。在事故或灾害发生之前就加以防备。《汉书·外戚传下》："事不当固争，防祸于未然。"

无微不至		【无微不至】wú wēi bù zhì 没有一处细微的地方照顾不到。形容热情关怀、照顾得极为周到。
先睹为快		【先睹为快】xiān dǔ wéi kuài 睹：看。把能尽先看到当做为快乐的事，形容盼望殷切。唐·韩愈《昌黎先生集·与少室李拾遗书》："争先睹之为快。"
同心同德	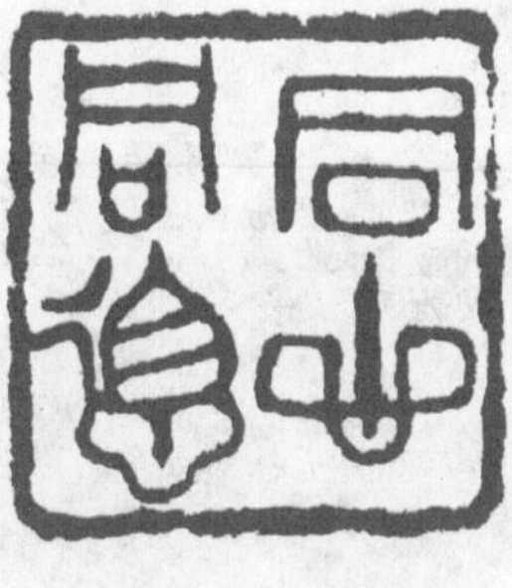	【同心同德】tóng xīn tóng dé 同德：为同一目的而努力。形容同一心愿，同一行动。《尚书·泰誓》："予有乱臣十人，同心同德。"
以身作则		【以身作则】yǐ shēn zuò zé 则：表率，榜样。用自身的行为作榜样。

覆巢无完卵		【覆巢无完卵】fù cháo wú wán luǎn 覆巢：捣翻的鸟窝；卵：蛋。捣翻的鸟窝里没有完整的鸟蛋。比喻整体遭殃，个体也不能幸免。
心满意足		【心满意足】xīn mǎn yì zú 形容称心如意，十分高兴的心态。
从容就义		【从容就义】cóng róng jiù yì 就义：指为正义而舍去生命。非常镇静、毫无畏惧地为正义而英勇献身。
哀兵必胜		【哀兵必胜】āi bīng bì shèng 哀兵：指由于受压迫而悲愤地奋起反抗的军队。由于被压迫、受欺侮而悲愤地奋起反抗的军队一定能打胜仗。语本《老子》六十九章："祸莫大于轻敌，轻敌几丧吾宝。故抗兵相加，哀者胜矣。"

奉公守法		【奉公守法】fèng gōng shǒu fǎ 奉：奉行，遵守；公：国家的规定。遵守国家的法令。《元曲选·无名氏〈陈州粜米·楔子〉》："则要你奉公守法，束杖理民。"
神工鬼斧		【神工鬼斧】shén gōng guǐ fǔ 形容工艺美术、文艺作品、建筑等方面技艺的精巧，不像人工制成的。
平铺直叙		【平铺直叙】píng pū zhí xù 指说话或写文章平淡，没有起伏，重点不突出。也指说话、写文章不加修饰，简单地说出自己的意思。
千锤百炼		【千锤百炼】qiān chuí bǎi liàn 锤、炼：指打铁炼钢，除去杂质。比喻经过千百次的锻炼、考验。也比喻修改形成的文章或作品。清·赵翼《瓯北诗话》卷一："诗家好作奇句警语，必千锤百炼而后能成。"

雪中送炭		【雪中送炭】xuě zhōng sòng tàn 指在别人困难和急需的时候给以帮助。宋·范成大《石湖居士诗集·大雪送炭与芥隐》诗："不是雪中须送炭，聊装风景要诗来。"
发扬光大		【发扬光大】fā yáng guāng dà 发扬：焕发；光大：辉煌而盛大。传承充实发展，使好事更加显著盛大。
一穷二白		【一穷二白】yī qióng èr bái 多指科学文化底子薄，东西少甚至一无所有。
刀耕火种		【刀耕火种】dāo gēng huǒ zhòng 火种：古时山区农民播种前，常先伐林木，烧草灰，用灰肥田。现泛指原始的农业生产技术。《旧唐书·严震传》："梁汉之间，刀耕火耨。"

能者多劳		【能者多劳】néng zhě duō láo 能干的人多劳累一些。现多用于含有赞誉慰勉的意思。语本《庄子·列御寇》“巧者劳而知者忧”。
以逸待劳		【以逸待劳】yǐ yì dài láo 逸：安闲；待：抵御；劳：疲倦。作战时以我方的安闲、养精蓄锐对付敌人的疲劳，以便出击取胜。《孙子·军争》：“以管待远，以佚待劳，以饱待饥，此治力者也。”
因陋就简		【因陋就简】yīn lòu jiù jiǎn 因：就，将就；陋：简陋。《文选·刘歆〈移书让太常博士〉》：“苟因陋就简，分文析字，烦言碎辞，学者罢老且不能究其一艺。”原意是听任其简陋，不求改进。后来就指利用原有的简陋条件办事。
拍案叫绝		【拍案叫绝】pāi àn jiào jué 案：桌子；绝：独一无二，拍桌叫好。后来形容非常赞赏叫好。

胆大心细		【胆大心细】dǎn dà xīn xì 指做事果断而考虑周密细致。《旧唐书·孙思邈传》：“胆欲大而心欲小，智欲圆而行欲方。”
笑容可掬		【笑容可掬】xiào róng kě jū 掬：两手捧起来。形容满脸堆笑的样子令人可敬。清·蒲松龄《聊斋志异·婴宁》：“有女郎携婢，拈梅花一枝，容华绝代，笑容可掬。”
荷花虽好，也要绿叶扶持		【荷花虽好，也要绿叶扶持】hé huā suī hǎo,yě yào lǜ yè fú chí 比喻任何人都需要别人支持、帮助和扶持。
心驰神往		【心驰神往】xīn chí shén wǎng 驰：奔向，向往。整个心思都奔向那里。形容一心向往。

卧薪尝胆		【卧薪尝胆】wò xīn cháng dǎn 薪：柴草。春秋越国被吴国打败，越王勾践立志报仇，为激励斗志，夜里睡在柴草上，又在起坐和睡觉的地方挂着苦胆，吃饭、睡觉之前都要尝尝胆的苦味。经过长期的准备，越国终于把吴国打败。后来就用“卧薪尝胆”比喻刻苦自励，发愤图强。宋·苏轼《拟孙权答曹操书》：“自受遗以来，卧薪尝胆。”
引吭高歌		【引吭高歌】yǐn háng gāo gē 吭：喉咙。放开嗓子，大声地歌唱。语本《禽经》“鸣则引吭”。
风雨同舟		【风雨同舟】fēng yǔ tóng zhōu 指在狂风暴雨中乘坐在一条船上，与风雨搏斗。比喻共同经历风雨。语本《孙子·九地》“当其同舟而济，遇风，其相救也如左右手”。
丰富多彩		【丰富多彩】fēng fù duō cǎi 彩：神态，花色。形容内容丰富，花色繁多。

画龙点睛		【画龙点睛】huà lóng diǎn jīng 《神异记》："张僧繇尝于金陵安乐寺画四龙而不点睛，云：'点之则飞云矣。'人以为妄，固请点之。须臾，雷电破壁，见二龙飞去。未点睛者如故。"后来就用"画龙点睛"比喻说话作文，在关键处用一两句话点明要旨，使全篇精警得神。
一马平川		【一马平川】yī mǎ píng chuān 形容地势平坦，一眼望不到边。
飞砂走石		【飞砂走石】fēi shā zǒu shí 砂子飞，石滚动。形容风力迅猛。任华《怀素上人草书歌》："飞沙走石满穹塞，万里飕飕西北风。"
横眉冷对千夫指，俯首甘为孺子牛		【横眉冷对千夫指，俯首甘为孺子牛】héng méi lěng duì qiān fū zhǐ,fǔ shǒu gān wéi rú zǐ niú 横眉：怒目而视，表示愤恨和轻蔑；千夫指：是许多人所指责的；俯首：低头，表示听从的样子；为：做；孺子：儿童；孺子牛：春秋时的齐景公曾跟儿子嬉戏，口衔着绳子，学做牛，让儿子牵着走，儿子跌倒，把齐景公的牙齿拉折，因此称齐景公为"孺子牛"。后形容对敌人决不屈服，对人民大众甘心像牛一般的俯首听命。

挥汗如雨		【挥汗如雨】huī hàn rú yǔ 挥：抹去，刷掉。抹下的汗就像下雨一样。形容天气炎热，出汗像雨一样。
负重致远		【负重致远】fù zhòng zhì yuǎn 负：背着；致：送到。指背着沉重的东西送到远方。比喻能够担负起重任。《三国志·蜀志·庞统传》："统曰：'陆子（指陆绩）可谓驽马有逸足之力，顾子（指顾劭）可谓驽牛能负重致远也。'"
德高望重		【德高望重】dé gāo wàng zhòng 德：品德；高：崇高，深厚；望：声望。品德高尚，声望很高。《晋书·简文三子传》："元显因讽礼官下议，称已德隆望重，既录百揆，内外群僚皆应尽敬。"现形容道德高尚，在群人中有很高的声望。
大江东去		【大江东去】dà jiāng dōng qù 长江的水往东奔流而去。后借用为词牌名。因苏轼《念奴娇·赤壁怀古》词首句为"大江东去"而得名。后形容一去再不复返。

放下屠刀，立地成佛		【放下屠刀，立地成佛】fàng xià tú dāo,lì dì chéng fó 明·彭大翼《山堂肆考》徵集卷一：“屠儿在涅槃会上，放下屠刀，立便成佛。”这原是佛教劝人改恶从善的话。后比喻作恶的人下决心悔改，不再为非作歹，就会成为好人。
高歌猛进		【高歌猛进】gāo gē měng jìn 高声歌唱，勇猛前进。形容情绪高涨，斗志昂扬，昂首阔步地向前进。
工欲善其事，必先利其器		【工欲善其事，必先利其器】gōng yù shàn qí shì,bì xiān lì qí qì 器：指工具。工匠要把活儿做得好，首先是要工具精良。语出《论语·卫灵公》。
风花雪月		【风花雪月】fēng huā xuě yuè 本来泛指四时景色。宋·邵雍《伊川击壤集序》：“虽死生荣辱，转达战于前，曾未入于胸中，则何异四时风花雪月一过乎眼也。”也指爱情之事或花天酒地的荒淫生活，后也指情调、内容空泛的诗文。

一见钟情		【一见钟情】yī jiàn zhōng qíng 钟：集中；钟情：情爱专注。指男女之间一见面就发生了爱情或好感。
地覆天翻		【地覆天翻】dì fù tiān fān 指变动极大或闹得很凶。唐·刘商《胡笳十八拍》诗："天翻地覆谁得知，如今正南看北斗。"形容事物有着重大的改变。
人定胜天		【人定胜天】rén dìng shèng tiān 人定：指人的主观努力。人力可以战胜大自然。语本《史记·伍子胥列传》"人众者胜天"。宋·刘过《龙州集·襄阳歌》："人定兮胜天，半壁久无胡日月。"
当之无愧		【当之无愧】dāng zhī wú kuì 无愧：没有愧色。当得到某种荣誉或称号之时，毫不惭愧，理所应当。

化腐朽为神奇		【化腐朽为神奇】huà fǔ xiǔ wéi shén qí 神奇：神妙奇特的东西。把坏的变好的，把死板的变灵巧的，把无用的变有用的。《庄子·知北游》：“腐朽复化为神奇。”
化干戈为玉帛		【化干戈为玉帛】huà gān gē wéi yù bó 干戈：古兵器，指打仗；玉帛：玉器和丝织品，这里指和好。比喻把战争变和平。
改朝换代		【改朝换代】gǎi cháo huàn dài 朝：指我国历史上所建立的一姓世袭政权的称号，如商朝、周朝，也称作商代、周代；代：有时还指一个帝王统治的时期。古时推翻了旧王朝，建立起新王朝后，总要改换称号，因此叫做改朝换代。
举世无双		【举世无双】jǔ shì wú shuāng 举：全。全世界没有第二个。比喻稀有，很难找到第二个。

富国强兵		【富国强兵】fù guó qiáng bīng 使国家富足，兵力强大。《商君书·壹言》："故治国者，其抟（专）力也，以富国强兵也。"
喷薄欲出		【喷薄欲出】pēn bó yù chū 喷薄：气势壮盛、喷涌而出的样子。形容水涌起或太阳涌出地平线的样子。
心领神会		【心领神会】xīn lǐng shén huì 领：接受；会：理解。不用对方明说，心里已经理解了。明·李东阳《怀麓堂诗话》："律者，规矩之谓，而其为调，则有巧存焉。苟非心领神会，自有所得，虽日提耳而教之，无益也。"
震天动地		【震天动地】zhèn tiān dòng dì 指事物震动了天地。形容声势浩大或气概雄伟。

得道多助，失道寡助		【得道多助，失道寡助】dé dào duō zhù, shī dào guǎ zhù 指是正义的事物就能得到多方面的支持与帮助，违背正义的就必然陷于孤立。语本《孟子·公孙丑下》“得道者多助，失道者寡助”。
此地无银三百两		【此地无银三百两】cǐ dì wú yín sān bǎi liǎng 民间故事，有人把银子埋在了地里，在上面又写了个字条：“此地无银三百两。”结果邻居王二看见字条，就把银子偷走了，而王二也写了个字条：“隔壁王二不曾偷。”后比喻想要隐瞒、掩饰，结果反而愈加暴露。
发愤忘食		【发愤忘食】fā fèn wàng shí 用功学习，努力工作，却忘记了吃饭。语出《论语·述而》。后泛用以形容做事十分勤奋。
风平浪静		【风平浪静】fēng píng làng jìng 没有风浪，无声。比喻平静无事。有时比喻局势安定。

高瞻远瞩		【高瞻远瞩】gāo zhān yuǎn zhǔ 高瞻：站在高处看；瞩：注意地看。指站得高，看得才远。比喻目光远大。
耳目一新		【耳目一新】ěr mù yì xīn 指听到的和看到的都变了样，感到新鲜。比喻事物有独特的样子。
急风暴雨		【急风暴雨】jí fēng bào yǔ 急：猛烈急促；暴：猝然而猛烈。又作“疾风暴雨”。《淮南子·兵略训》：“何谓隐之天？大寒甚暑，疾风暴雨，大雾冥晦，因此而为变者也。”本指大而猛烈的风雨。现多比喻突然而来的政治变化。
风雨无阻		【风雨无阻】fēng yǔ wú zǔ 指刮风下雨也阻挡不住，照常进行。比喻不怕任何困难，永往直前。

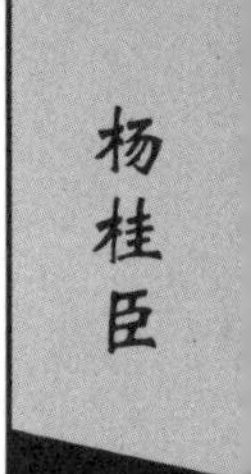

肝脑涂地		【肝脑涂地】gān nǎo tú dì 涂地：涂抹在地上。形容惨死。《史记·刘敬叔孙通列传》："与项羽战荥阳……使天下之民肝脑涂地。"表示竭尽忠诚，不惜任何牺牲。
飞黄腾达		【飞黄腾达】fēi huáng téng dá 飞黄：传说中的神马；腾达：形容马的飞驰。比喻一些人的地位一下子提升。唐·韩愈《昌黎先生集·符读书城南》诗："飞黄腾踏去，不能顾蟾蜍。"现多用于贬义词。
功德无量		【功德无量】gōng dé wú liàng 功德：指功业与德行，而佛教用以指念佛、育经、布施等活动；无量：难以计算。比喻称颂人的功劳、恩德或做有益于别人的事情。《汉书·丙吉传》："所以拥全神灵，成育圣躬，功德已无量矣。"
呼之即来，挥之即去		【呼之即来，挥之即去】hū zhī jí lái,huī zhī jí qù 即：就，立刻；挥：挥手。一召唤就来，一挥手就去。指支使别人，任意呼唤支配。宋·苏轼《王仲仪真赞序》："至于缓急之际，决大策，安大从，呼之则来，挥之则散者，唯世臣巨室为能。"

风调雨顺		【风调雨顺】fēng tiáo yǔ shùn 调：调和，顺：适合需要。形容风雨及时，适合人和生产的需要。《六韬》："武王伐纣……克殷，风调雨顺。"
近朱者赤，近墨者黑		【近朱者赤，近墨者黑】jìn zhū zhě chì,jìn mò zhě hēi 朱：朱砂，红色的颜料。语出晋·傅玄《傅鹑觚集·太子少傅箴》。比喻接近好人可以使人变好，接近坏人可以使人变坏。指现实环境对人有很大的影响。
返老还童		【返老还童】fǎn lǎo huán tóng 返：回。由衰老而回转到童年。
谆谆告诫		【谆谆告诫】zhūn zhūn gào jiè 谆谆：耐心教诲的样子；诫：劝告。指不厌其烦地劝导和告诫。

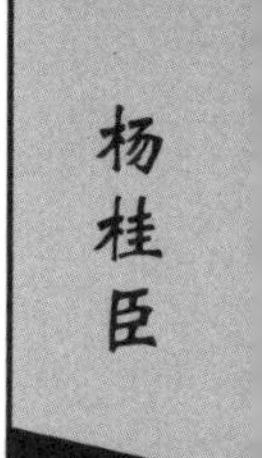

大旱望云霓		【大旱望云霓】dà hàn wàng yún ní 霓：虹的一种，颜色比虹稍淡；云霓：出现云霓，指下雨。大旱之时人们非常渴望下雨。形容盼望的迫切。《孟子·梁惠王下》："若大旱之望云霓也。"
耳闻不如目见		【耳闻不如目见】ěr wén bù rú mù jiàn 指听到的不如亲眼看见的更可靠。汉·刘向《说苑·政理》："耳闻之不如目见之，目见之不如足践之。"
血肉相联		【血肉相联】xuè ròu xiāng lián 指血和肉不能分离，比喻关系密切不能脱离。
当机立断		【当机立断】dāng jī lì duàn 当机：时机。形容事情到了紧要关头，就毫不犹豫地作出决断。《文选·陈琳〈答东阿王笺〉》："拂钟无声，应机立断。"

从善如流		【从善如流】cóng shàn rú liú 从善：听从好的、正确的见意；如流：像流水一样迅速。比喻愿意接受别人正确的意见。《左传·成公八年》记载，晋国的栾书听从了知庄子、范文子、韩献子三人的话，没有跟楚国打仗，却得了攻打沈国的胜利。后作者赞扬栾书说：“从善如流，宜哉！。”
奋发图强		【奋发图强】fèn fā tú qiáng 图：谋求。鼓起劲来，力争上游。努力勤奋，才能强大。
一气呵成		【一气呵成】yī qì hē chéng 呵：呵气。比喻文章的结构紧凑，气势流畅，首尾连贯。清·李渔《闲情偶寄·宾白第四》：“北曲之介白者，每折不过数言。即抹支宾白而止阅填词，亦皆一气呵成，无有断续，似并此数言亦可略而不备者。”也比喻对工作安排得紧凑、严密而得到迅速完成。
改天换地		【改天换地】gǎi tiān huàn dì 使天地都改变了原状。指改造社会，改造大自然，改变人生。

大慈大悲		【大慈大悲】dà cí dà bēi 本为佛家用语，指人的心肠慈善。《法华经·譬喻品》：“大慈大悲，常无懈倦，恒求善事，利益一切。”
大兴土木		【大兴土木】dà xīng tǔ mù 兴：创办，兴起。大规模地兴起土木工程。多指盖房子。宋·洪迈《容斋三笔·卷十一·宫室土木》：“大中祥符间，奸佞之臣，罔真宗以符瑞，大兴土木之役，以为通宫玉清昭应之建。”
发昏章第十一		【发昏章第十一】fā hūn zhāng dì shí yī “发昏”的风趣语。学的是《孝经》里“某某章第几”的口吻。
一技之长		【一技之长】yī jì zhī cháng 技：技能，本领；长：专长。指对某种技能有专长。

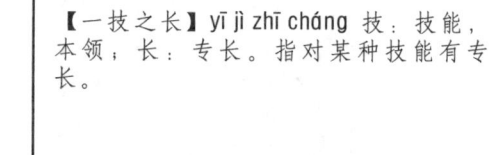

大快人心		【大快人心】dà kuài rén xīn 指坏人或坏事受到严惩或打击，使人们心里感觉非常痛快。
星罗棋布		【星罗棋布】xīng luó qí bù 罗：罗列，分布。像星星那样罗列，像棋子那样分布。形容数量很多，散布的范围很广。明·陈琏《皆山轩赋》："群围牧监，星罗棋布。"也作"棋布星罗"。
打肿脸充胖子		【打肿脸子充胖子】dǎ zhǒng liǎn chōng pàng zi 比喻没有能耐，硬要冒充了不起。
翻江倒海		【翻江倒海】fān jiāng dǎo hǎi 原指水势浩大。后来用以形容不怕任何困难或比喻成就了极难做到的事业。也形容力量、声势的巨大。

地大物博		【地大物博】dì dà wù bó 博：多，丰富。多指疆土辽阔，物产丰富。
无穷无尽		【无穷无尽】wú qióng wú jìn 穷、尽：完。没有止境。形容数量极多，无法数尽。
登高一呼		【登高一呼】dēng gāo yī hū 比喻有影响、有地位的人物发出的倡仪或号召。
纲举目张		【纲举目张】gāng jǔ mù zhāng 纲：鱼网上的总绳；目：网上的眼，比喻抓住事物的主要环节就可以带动一切。也比喻条理分明。汉·郑玄《诗谱序》："举一纲而万目张。"

甘心情愿		【甘心情愿】gān xīn qíng yuàn 心里完全愿意，没有一点勉强。情愿地为别人做事。
大事不糊涂		【大事不糊涂】dà shì bù hú tu 指在大是大非问题上头脑清醒明白。《宋史·吕端传》记载，宋太宗要叫吕端做宰相，有人说：“端为人糊涂。”太宗说：“端小事糊涂，大事不糊涂。”
风云人物		【风云人物】fēng yún rén wù 多指言论和行动能够影响大局的人物。
休戚与共		【休戚与共】xiū qī yǔ gòng 指相互之间的福和祸都能共同承受。形容彼此能够同甘共苦患难与共。《晋书·王导传》：“导曰：‘吾与元规（庾亮字）休戚是同，悠悠之谈，宜绝智者之口。’”

寿比南山		【寿比南山】shòu bǐ nán shān 寿命像终南山那样稳固长久。比喻人长寿。多用于老人过寿之时的祝贺。《诗经·小雅·天保》："如月之恒，如日之升，如南山之寿。"
四体不勤，五谷不分		【四体不勤，五谷不分】sì tǐ bù qín,wǔ gǔ bù fēn 四体：四肢；勤：劳动。不参加劳动，分不清五谷。《论语·微子》一书记载，有一次子路随孔丘外出，半路子路落在后面找不到孔丘了，正好遇上一位锄草的老人。子路问："您见到我们夫子了吗？"老人说："四体不勤，五谷不分，谁知道你们夫子是什么人？"后形容脱离劳动，脱离劳动人民。
司马昭之心，路人皆知		【司马昭之心，路人皆知】sī mǎ zhāo zhī xīn,lù rén jiē zhī 据《汉晋春秋》记载，魏帝曹髦在位时，大将军司马昭专权，蓄意篡夺帝位。一次曹髦气愤地说："司马昭之心，路人所知也。"后来比喻人所共知的阴谋、野心。
死得其所		【死得其所】sǐ dé qí suǒ 所：处所；得其所：得到合适的地方。形容死的有价值。

反其道而行之		【反其道而行之】fǎn qí dào ér xíng zhī 其：他的；道：方法，办法。采用同对方相反的办法行事。
翻天覆地		【翻天覆地】fān tiān fù dì 多指事物发生巨变，形容变化的巨大而彻底。
当一天和尚撞一天钟		【当一天和尚撞一天钟】dāng yī tiān hé shàng zhuàng yī tiān zhōng 照例行事，过一天算一天。比喻做事敷衍塞责，缺乏主人翁和创新的精神。
当面锣，对面鼓		【当面锣，对面鼓】dāng miàn luó,duì miàn gǔ 指面对面讲明事情的真伪，比喻面对面的争论。

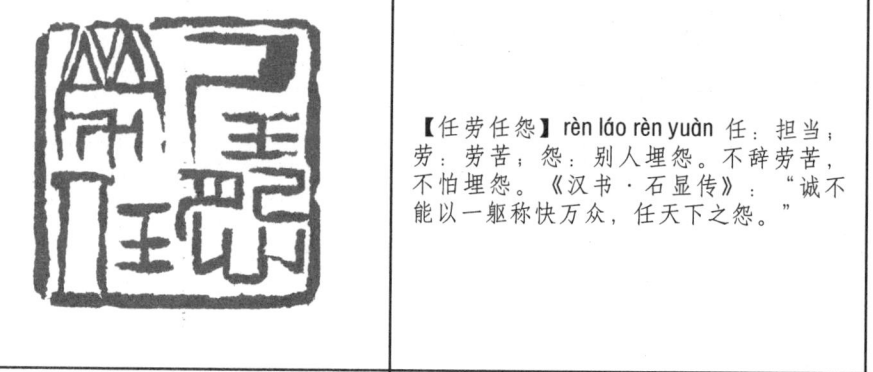

任劳任怨		【任劳任怨】rèn láo rèn yuàn 任：担当；劳：劳苦；怨：别人埋怨。不辞劳苦，不怕埋怨。《汉书·石显传》："诚不能以一躯称快万众，任天下之怨。"
两袖清风		【两袖清风】liǎng xiù qīng fēng 旧称誉官吏廉洁，意思说，除两袖清风之外，别无所有。明·于谦《入京》诗："清风两袖朝天去，免得闾阎话短长。"
如入无人之境		【如入无人之境】rú rù wú rén zhī jìng 境：地方。好像到了没有人烟的地方。比喻打仗之时，一节节胜利，敌人根本无法抵抗。宋·欧阳修《欧阳文忠集·再论置兵御贼札子》："及一旦王伦、张海等相继而起，入州入县，如入无人之境。"
人而无信，不知其可		【人而无信，不知其可】rén ér wú xìn,bù zhī qí kě 信：信用；可：可以，行。一个人如果不讲信用，真不知道那怎么能行。意思是指人不讲信用是不行的。语出《论语·为政》。

拉大旗作虎皮		【拉大旗作虎皮】lā dà qí zuò hǔ pí 拿着大旗作招牌而干坏事，比喻打着革命旗号来吓唬人，蒙骗人。
雷声大，雨点小		【雷声大，雨点小】léi shēng dà,yǔ diǎn xiǎo 指说得好听，做得很差。宋·释道原《景德传灯录·卷二十八·大法眼文益禅师》："雷声甚大，雨点全无。"比喻虚张声势，只说不做。
窥测方向，以求一逞	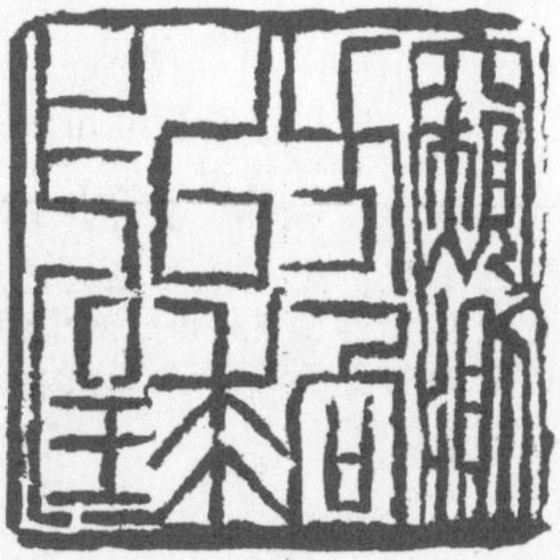	【窥测方向，以求一逞】kuī cè fāng xiàng,yǐ qiú yī chěng 窥：从小孔、缝隙或隐蔽处偷看；测：探测；逞：快意，如愿。偷偷地探测方向，妄图达到自己不可告人的目的。
世上无难事，只怕有心人		【世上无难事，只怕有心人】shì shàng wú nán shì,zhǐ pà yǒu xīn rén 形容只要下决心努力奋发用心地去做，在世界上不管怎样困难的事情都能做成。

上天无路，入地无门		【上天无路，入地无门】shàng tiān wú lù, rù dì wú mén 多指毫无办法。形容无路可走的窘迫境地。语见宋·释普济《五灯会元·谭英法师》。
三折肱，为良医		【三折肱，为良医】sān zhé gōng, wéi liáng yī 三：多次；肱：从肩到肘的部分，也泛指胳膊。多次断臂，也就知道治疗断臂的方法了。比喻对事经验丰富，而造诣精深。《左传·定公十三年》："三折肱，知为良医。"
三过其门而不入		【三过其门而不入】sān guò qí mén ér bù rù 三次经过自己家门，都不进去。《孟子·离娄下》："禹、稷当平世，三过其门而不入。"原指夏禹治水的故事。后形容忠于职守，公而忘私。
日月如梭		【日月如梭】rì yuè rú suō 梭：织布机上引导纬纱与经纱交织的构件，速度极快。形容时光迅速过去。宋·赵德璘《侯鲭录》卷二："织乌，日也，往来如梭之织。"

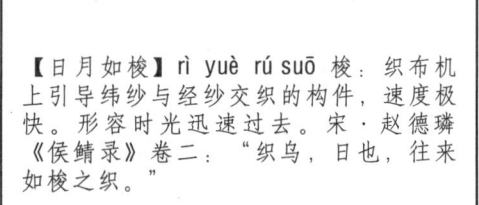

老死不相往来		【老死不相往来】lǎo sǐ bù xiāng wǎng lái 直到老、直到死，彼此之间也不相互来往。现在形容人或单位之间互不联系，互不交流情况。
心花怒放		【心花怒放】xīn huā nù fàng 怒：气势盛大；怒放：盛开。形容高兴到了极点。
鸡犬之声相闻，老死不相往来		【鸡犬之声相闻，老死不相往来】jī quǎn zhī shēng xiāng wén,lǎo sǐ bù xiāng wǎng lái 鸡叫声、狗咬声互相都能听见，但是直到老、直到死，彼此也不来往。《老子》十八章："邻国相望，鸡犬之声相闻，民至老死不相往来。"多形容人与人、家与家之间互不联系，互不交流。
艰难险阻		【艰难险阻】jiān nán xiǎn zǔ 险阻：阻隘的地方，也指困难的处境。多指前进道路上的困难重重、到处都是危险和障碍。原作"险阻艰难"。《左传·僖公二十八年》："险阻艰难，备尝之矣。"

弱肉强食		【弱肉强食】ruò ròu qiáng shí 弱：弱者；强：强者。弱者的肉是强者的食物。比喻弱者被强者欺压、吞并。唐·韩愈《昌黎先生集·送浮屠文畅师序》："弱之肉，强之食。"
日月经天，江河行地		【日月经天，江河行地】rì yuè jīng tiān, jiāng hé xíng dì 经：经过。行：流经。像太阳和月亮每天都经过天空，江河永远流经大地一样永恒。
如堕五里雾中		【如堕五里雾中】rú duò wǔ lǐ wù zhōng 堕：陷入。《后汉书·张楷传》："性好道术，能作五里雾。"后来用"如堕五里雾中"比喻陷入莫名其妙、迷离恍惚的境地。
神龙见首不见尾		【神龙见首不见尾】shén lóng jiàn shǒu bù jiàn wěi 清·赵执信《谈龙录》记载，王士祯对他的学生洪升说："诗如神龙，见其首不见其尾。"原来是同学生谈诗的神韵的，后来转用"神龙见首不见尾"来比喻人的行踪神秘，时而露面，时而又不见了。

近水楼台先得月	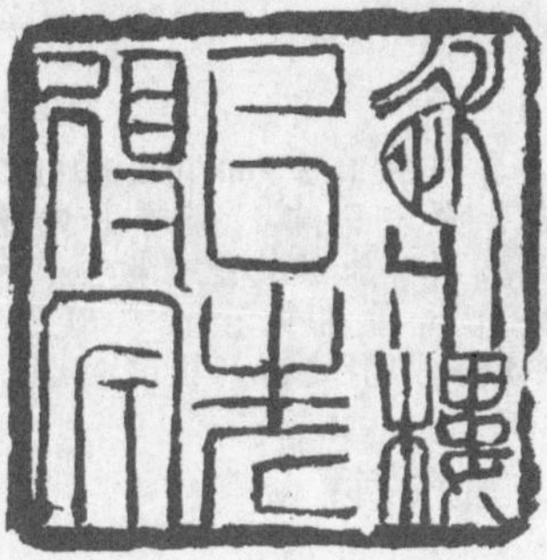	【近水楼台先得月】jìn shuǐ lóu tái xiān dé yuè 水边的楼台首先会得到月光。比喻由于近便而获得优先的机会。宋·俞文豹《清夜录》记载，范仲淹在杭州做官的时候，给过去的部下都安排上职务了，只有苏麟没有被录用。苏麟就献诗给范仲淹说："近水楼台先得月，向阳花木易为春。"
金碧辉煌		【金碧辉煌】jīn bì huī huáng 金碧：指国画颜料中的泥金、石青和石绿。形容建筑物装饰豪华美丽、光彩耀眼的样子。
将计就计		【将计就计】jiāng jì jiù jì 将：随顺。指利用对方的计策反过去再向对方使计策，使其上当，得到胜利。
打破沙锅问到底		【打破沙锅问到底】dǎ pò shā guō wèn dào dǐ 问："璺"的谐音，指玉石或陶瓷器上的裂纹、裂缝。比喻对任何事物总是穷根究底。

事实胜于雄辩

【事实胜于雄辩】shì shí shèng yú xióng biàn 雄辩：强有力的辩论。常指事情的真实情况比雄辩更加有说服力。

水落石出

【水落石出】shuǐ luò shí chū 落：降，出：露。宋·苏轼《后赤壁赋》："山高月小，水落石出。"本来是写自然景色，后转用以比喻事情的真相完全暴露。

视而不见，听而不闻

【视而不见，听而不闻】shì ér bù jiàn，tīng ér bù wén 看见了同没有看见一样，听见了同没有听见一样，表示不重视或不注意。《庄子·知北游》："光耀不得问，而孰视其状貌，窅然空然，终日视而不见，听之而不闻，搏之而不得也。"

三十六策，走为上计

【三十六策，走为上计】sān shí liù cè，zǒu wéi shàng jì 《齐书·王敬则传》："檀公（檀道济）三十六策，走为上计。"原形容无力对抗敌人，以逃走为上计。后指事情到了无可奈何的地步，没有别的好办法，只能出走。

绰约多姿		【绰约多姿】chuò yuē duō zī 绰约：体态柔美的样子。形容女子身材曲线、肢体长得很美。
翻山越岭		【翻山越岭】fān shān yuè lǐng 岭：山。爬过很多山头。形容野外工作或行进途中的千辛万苦。有时比喻克服困难。
当局者迷，旁观者清		【当局者迷，旁观者清】dāng jú zhě mí, páng guān zhě qīng 当局者和旁观者原来是指下棋的和看棋的人，后用以比喻当事人和旁观的人。当事人往往因为对利害得失考虑得太浅，反而糊涂了，旁观的人由于客观、冷静，却看得很清楚。《旧唐书·元行冲传》："当局称迷，傍（旁）观见审。"
大势所趋		【大势所趋】dà shì suǒ qū 大势：整个局势；趋：向，往。整个局势发展的趋向。

与时俱进		【与时俱进】yǔ shí jù jìn 时：时间。俱：一起，一同。进：前进。人们的观念、思想要随着时代一起前进。指不断进取，永不停滞。
三足鼎立		【三足鼎立】sān zú dǐng lì 鼎：古代烹煮的炊器，多青铜制成，圆形，一般有三条腿（也有少数方鼎是四条腿）。像鼎的三条腿那样站着稳固。比喻三方面分立的局势。
流芳百世		【流芳百世】liú fāng bǎi shì 流：流传，传布；芳：香，比喻美名。好名誉永远留传于后世。南朝·宋·刘义庆《世说新语·尤悔》："桓公（桓温）卧语曰：'作此寂寂，将为文景所笑。'既而屈起坐曰：'既不能流芳百世，亦不足复遗臭万载耶？'"
小鸟依人		【小鸟依人】xiǎo niǎo yī rén 依：依恋。像小鸟那样依傍着人。比喻少女或孩童娇小可爱。《旧唐书·长孙无忌传》："（褚遂良）甚亲附于朕，譬如飞鸟依人，自加怜爱。"

风起云涌		【风起云涌】fēng qǐ yún yǒng 风刮起来，云像水涌一般。宋·苏轼《后赤壁赋》："山鸣谷应，风起水涌。"比喻许多事物相继兴起，声势浩大。
看菜吃饭，量体裁衣		【看菜吃饭，量体裁衣】kàn cài chī fàn, liáng tǐ cái yī 多指饭菜适量配用，按照身体高矮胖瘦来裁衣。比喻根据具体情况处理问题、办理事情。
来者不善，善者不来		【来者不善，善者不来】lái zhě bù shàn, shàn zhě bù lái 来的就不善良，善良的就不来。强调来人不怀好意，要提高警惕。
老鼠过街，人人喊打		【老鼠过街，人人喊打】lǎo shǔ guò jiē, rén rén hǎn dǎ 鼠：四害之首，人们痛恨。比喻害人的东西，人人痛恨。

三人行，必有我师		【三人行，必有我师】sān rén xíng，bì yǒu wǒ shī 意思是说，在一起行走的三个人中，必定有可以做我老师的人。
丧权辱国		【丧权辱国】sàng quán rǔ guó 丧失主权，卖国求荣，使国家蒙受耻辱。
龙飞凤舞		【龙飞凤舞】lóng fēi fèng wǔ 龙飞：腾空、飞起；凤舞：展开双翅，挥舞。宋·苏轼《表忠观碑》："天目之山，苕水出焉，龙飞凤舞，萃于临安。"原来形容气势奔放雄壮。后来也形容书法笔势活泼。
汹涌澎湃		【汹涌澎湃】xiōng yǒng péng pài 汹涌：水奔腾向上涌的样子；澎湃：波浪相互冲击的声音。形容声势浩大，不可阻挡。《文选·司马相如〈上林赋〉》："沸乎暴怒，汹涌澎湃。"

眉头一皱，计上心来		【眉头一皱，计上心来】méi tóu yī zhòu,jì shàng xīn lái 原来形容人经过思考，突然想出办法。现在也用以说明人的脑子中运用概念以作判断和推理的过程。《水浒》第二回："王四只管叫苦……眉头一纵，计上心来。"
巧夺天工		【巧夺天工】qiǎo duó tiān gōng 指人工的精巧胜过天然。形容技艺巧妙高超。《采兰杂志》："甄后既入魏宫，宫庭有一绿蛇，口中恒有赤珠……每日后梳妆则盘结一髻形于后前，后异之，因效而为髻，巧夺天工。故后髻每日不同，号为灵蛇髻。"
路遥知马力，日久见人心		【路遥知马力，日久见人心】lù yáo zhī mǎ lì,rì jiǔ jiàn rén xīn 路途远了可以知道马的力气大小，时间过得久了可以知道人心的好坏。《元曲选·无名氏〈争报恩〉一》："可不道路遥知马力，日久见人心。"
满招损，谦受益		【满招损，谦受益】mǎn zhāo sǔn,qiān shòu yì 骄傲自满会招来损失，谦逊虚心会得到好处。语出《尚书·大禹谟》。

三顾茅庐		【三顾茅庐】sān gù máo lú 顾：拜访；茅庐：草房。在三国时诸葛亮隐居在隆中的茅庐里，刘备为了请他出来帮助自己打天下，曾经三次到茅庐里去拜访，最后一次才见到诸葛亮。比喻诚心诚意地邀请人家。诸葛亮《出师表》："先帝不以臣卑鄙，猥自枉屈，三顾臣于草庐之中。"
杀鸡焉用牛刀		【杀鸡焉用牛刀】shā jī yān yòng niú dāo 焉：哪；牛刀：指宰牛用的刀。杀鸡还用得上宰牛刀吗？比喻小题不必大做。原作语出《论语·阳货》。"割鸡焉用牛刀"。
伤风败俗		【伤风败俗】shāng fēng bài sú 伤：损害；败：破坏。原指败坏风俗。后常用于谴责不正当行为。《汉书·货殖传》："伤化败俗，大乱之道也。"唐·韩愈《昌黎先生集·论佛骨表》："伤风败俗，传笑四方。"
如火如荼		【如火如荼】rú huǒ rú tú 荼：古代指茅草的白花。《国语·吴语》："吴王昏乃戒……令万人以为方阵，皆白裳、白旗、素甲、白羽之矰，望之如荼……左军亦如之，皆赤裳、赤旗、丹甲、朱羽之矰，望之如火。"后来说军容盛大为"如火如荼"。现在用来比喻气势旺盛。

明眸皓齿		【明眸皓齿】míng móu hào chǐ 明亮的眼睛，洁白的牙齿。多用来形容女子的美貌。唐·杜甫《哀江头》诗："明眸皓齿今何在？血污游魂归不得。"
蚂蚁啃骨头		【蚂蚁啃骨头】mǎ yǐ kěn gǔ tou 比喻集结小的力量或简单的工具完成庞大的工作任务。
马不停蹄		【马不停蹄】mǎ bù tíng tí 比喻一刻也不停留地向前进。《元曲选·王实甫〈丽春堂〉二》："赢的他急难措手，打的他马不停蹄。"
鸣冤叫屈		【鸣冤叫屈】míng yuān jiào qū 鸣：喊叫。屈：委屈，喊叫冤屈。

山雨欲来风满楼		【山雨欲来风满楼】shān yǔ yù lái fēng mǎn lóu 满楼的风声，预示着一场大雨即将就要到来。唐·许浑《丁卯集·咸阳城东楼》诗："溪云初起日沉阁，山雨欲来风满楼。"后常比喻重大事件即将发生的气氛和迹象。
如饥似渴		【如饥似渴】rú jī sì kě 要求非常迫切，就像饿了急着要吃饭，渴了急需饮水那样。《三国志·魏志·陈思王植传》："迟奉圣颜，如饥如渴。"
三寸不烂之舌		【三寸不烂之舌】sān cùn bù làn zhī shé 多形容能言善辩。《史记·平原君虞卿列传》："毛先生以三寸不烂之舌，强于百万之师。"
容光焕发		【容光焕发】róng guāng huàn fā 容光：面容上的光彩；焕发：光彩四射的样子。形容人身体健康、精神振奋。

落花有意，流水无情		【落花有意，流水无情】luò huā yǒu yì, liú shuǐ wú qíng 比喻一方有意，一方无情（多指情感方面的事）。
拒人于千里之外		【拒人于千里之外】jù rén yú qiān lǐ zhī wài 拒：拒绝。在千里之外就把人挡住，不让接近。形容态度傲慢，不愿跟人接近，或毫无商量的余地。
静如处女，动如脱兔		【静如处女，动如脱兔】jìng rú chù nǚ, dòng rú tuō tù 处女：指未出嫁的女子；脱兔：逃跑的兔子。形容未行动时像旧时大姑娘那样稳重，不动声色；一行动起来就像逃跑了的兔子那样敏捷。《孙子·九地》："是故始如处女，敌人开户，后如脱兔，敌不及拒。"
君子一言，快马一鞭		【君子一言，快马一鞭】jún zǐ yī yán,kuài mǎ yī biān 干脆地一句话定夺，不再反悔。宋·释道原《景德传灯录·卷六·袁州南源道明禅师》："快马一鞭，快人一言。有事何不出头来，无事各自珍重。"

三个臭皮匠，合成一个诸葛亮		【三个臭皮匠，合成一个诸葛亮】sān gè chòu pí jiàng,hé chéng yī gè zhū gě liàng 诸葛亮：三国的蜀国丞相，传说中把他夸张为智慧的化身。比喻人多智慧多，有事情只要大家一起商量，就会想出办法来。
势不可当	 （金文）	【势不可当】shì bù kě dāng 来势非常猛烈不可抵挡。《晋书·郗鉴传》："群逆纵逸，其势不可当，可以算屈，难以力竞。"
若要人不知，除非己莫为		【若要人不知，除非己莫为】ruò yào rén bù zhī,chú fēi jǐ mò wéi 要想不让人知道，除非自己不要去做。形容做了坏事终究隐瞒不住。《文选·枚乘〈上书谏吴王〉》："欲人不闻，莫若不言；欲人不知，莫若不为。"
如雷贯耳		【如雷贯耳】rú léi guàn ěr 贯：贯穿，进入。雷：响亮、大的声音，像雷声传入耳朵那样响亮。比喻人的名声极大。《三国演义》第三十八回："久闻先生大名，如雷贯耳。"

鸣鼓而攻之		【鸣鼓而攻之】míng gǔ ér gōng zhī 攻：声讨。比喻宣布罪状，加以声讨。语出《论语·先进》。
毛遂自荐		【毛遂自荐】máo suì zì jiàn 毛遂：人名，荐：推荐，介绍。《史记·平原君虞卿列传》记载，赵孝成王九年（公元前257年），秦国的军队围攻赵国的都城邯郸，赵国的平原君到楚国去求救，他的门下食客毛遂自荐和平原君一同前往，后就引用“毛遂自荐”比喻自告奋勇，自我推荐。
驴唇不对马嘴		【驴唇不对马嘴】lǘ chún bù duì mǎ zuǐ 比喻事物两下不符合，或所答非所问。
美不胜收		【美不胜收】měn bù shèng shōu 不胜：不能尽，不能完。形容好的东西太多，来不及欣赏。

即以其人之道，还治其人之身		【即以其人之道，还治其人之身】jí yǐ qí rén zhī dào,huán zhì qí rén zhī shēn 即：就；以：用；其人：那个人；道：方法；还：回过头来；治：整治。语出宋·朱熹《中庸集注》第十三章。意思是就用那人对付别人的方法，回过头来对付那个人。
浩然之气	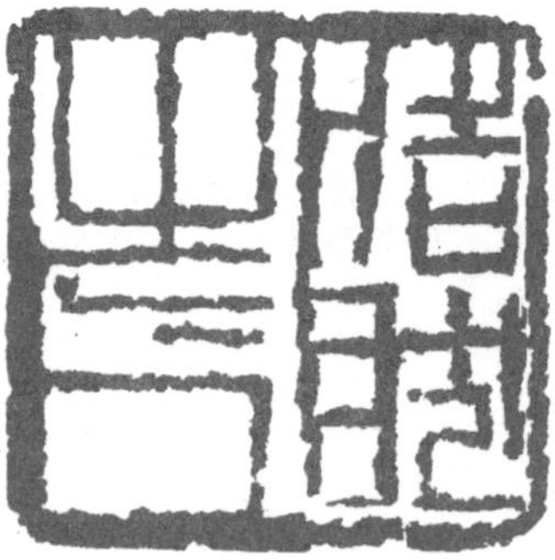	【浩然之气】hào rán zhī qì 浩然：盛大的样子。语出《孟子·公孙丑上》："我善养吾浩然之气。"后以形容正大刚直的精神。
相得益彰		【相得益彰】xiāng dé yì zhāng 相得：互相投合，互相配合；益：更；彰：显著。形容两者相互配合协助，双方的优点和长处就更能显露出来。语出《文选·王褒〈圣主得贤臣颂〉》："聚精会神，相得益章。"
更上一层楼		【更上一层楼】gèng shàng yì céng lóu 更：再。唐·王之涣《登鹳雀楼》诗："欲穷千里目，更上一层楼。"现常比喻再提高一步。

绿林好汉		【绿林好汉】lù lín hǎo hàn 绿林：西汉末年，王匡、王凤等在今湖北当阳县东北的绿林山中聚集了一支有七八千人的农民起义队伍，后来就用“绿林”泛指聚集山林反抗封建统治、诛锄恶霸土豪的武装队伍。旧时也指聚众行劫的群盗股匪。
满面春风		【满面春风】mǎn miàn chūn fēng 形容和蔼愉快的面容。《元曲选·王实甫〈丽春堂〉一》：“得胜归来喜笑浓，气昂昂志卷长虹，饮千钟满面春风。”也指胜利的喜悦。
烈火见真金		【烈火见真金】liè huǒ jiàn zhēn jīn 见：显现出。真金不怕火来烧，因此只有在猛烈的火中来烧才能显出哪个是真正的金子。也比喻在危急时刻最能考验人。
露宿风餐		【露宿风餐】lù sù fēng cān 在没有丝豪的遮挡中睡觉、吃饭。形容行旅生活的艰苦。宋·陆游《宿野人家》诗：“老来世路浑谙尽，露宿风餐未觉非。”

星移斗转		【星移斗转】xīng yí dǒu zhuǎn 斗：指北斗星。星斗转变了位置。形容季节或时代的改变。
萍水相逢		【萍水相逢】píng shuǐ xiāng féng 萍：在水面上浮生的一种蕨类植物，随水漂泊，聚散无定。比喻毫不相识的人偶然相遇。唐·王勃《王子安集·滕王阁序》："萍水相逢，尽是他乡之客。"
秦晋之好		【秦晋之好】qín jìn zhī hǎo 春秋时秦、晋两国的国君好几代都是互相婚嫁。后多称两姓联姻为"秦晋之好"。
万家灯火		【万家灯火】wàn jiā dēng huǒ 家家都点上灯。指天黑上灯的时候，也形容大城市夜晚的祥和景象。

满腔热忱		【满腔热忱】mǎn qiāng rè chén 满腔：满腹；热忱：热情。形容心里充满热烈真挚的情感。
明辨是非		【明辨是非】míng biàn shì fēi 明辨：辨别清楚。很清楚地辨别出谁是谁非。
留得青山在，不怕没柴烧		【留得青山在，不怕没柴烧】liú dé qīng shān zài, bù pà méi chái shāo 现在比喻只要留下革命的有生力量，就不愁做不出更多更好的事来。
情投意合		【情投意合】qíng tóu yì hé 投：合得来。合：融合。形容双方思想感情和心意都很融洽。

齐心协力		【齐心协力】qí xīn xié lì 协力：合力。形容思想一致，大家共同努力，就可以战胜一切困难。
全心全意		【全心全意】quán xīn quán yì 一心一意，不夹杂别的想法来工作。
望而生畏		【望而生畏】wàng ér shēng wèi 畏：恐惧，害怕。看到了就很害怕，不敢接触。
生气勃勃		【生气勃勃】shēng qì bó bó 勃勃：旺盛的样子。多形容富有朝气，充满活力。

龙盘虎踞		【龙盘虎踞】lóng pán hǔ jù 踞：蹲或坐。唐·李白《永王东巡歌》："龙盘虎踞帝王州，帝子金陵访古丘。"《太平御览》引张勃《吴录》记载，三国时，诸葛亮论金陵（现南京）地形时说："钟阜龙盘，石城虎踞。"意思是说，钟山像龙盘绕在东面，石头城（南京城）像虎蹲在西面。后来就用"虎踞龙盘"指称南京城，有赞美其地势险要、雄伟的意思。
琼楼玉宇		【琼楼玉宇】qióng lóu yù yǔ 琼：美玉，泛指精美的东西，玉宇：传说中仙人的住所。形容月中宫殿华丽精美。也形容富丽堂皇的建筑物。晋·王嘉《拾遗记》："翟乾祐于江岸玩月，或问：'此中何有？'翟笑曰：'可随我观之。'俄见琼楼玉宇烂然。"（烂然，明亮的样子。）
青天霹雳		【青天霹雳】qīng tiān pī lì 霹雳：炸雷。没有云彩的天空响起了炸雷。比喻忽然发生的震惊人心的事情。宋·王逢原《谢满子权寄诗》："九原黄土英灵活，万古青天霹雳飞。"也作"晴天霹雳。"
伤天害理		【伤天害理】shāng tiān hài lǐ 多指没有按照天道做事。形容做事凶狠残忍，灭绝人性。

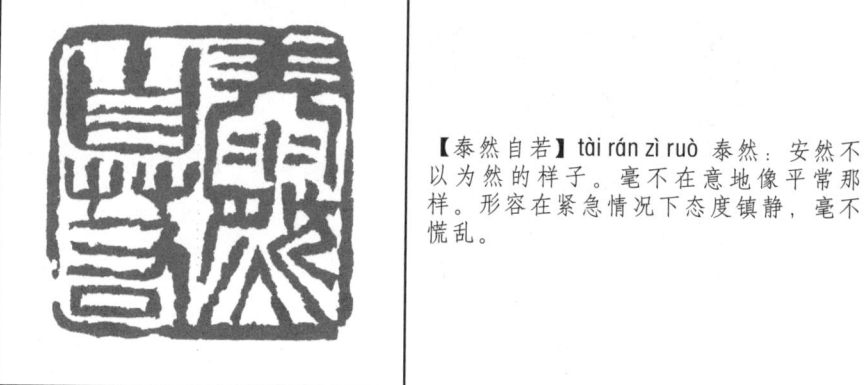

泰然自若		【泰然自若】tài rán zì ruò 泰然：安然不以为然的样子。毫不在意地像平常那样。形容在紧急情况下态度镇静，毫不慌乱。
通情达理		【通情达理】tōng qíng dá lǐ 通、达：懂得，理解。形容很懂得道理，说话、做事情合情合理。
桃李不言，下自成蹊		【桃李不言，下自成蹊】táo lǐ bù yán,xià zì chéng xī 蹊：小路。桃树、李树不向人打招呼，树下自然走成一条道路。比喻只要为人真诚、忠实，就能感动别人。《史记·李将军列传》："谚曰：'桃李不言，下自成蹊'。"
一世之雄		【一世之雄】yī shì zhī xióng 世：代。一代最杰出的人物。《宋书·武帝纪》："刘讳（裕）足为一世之雄。"

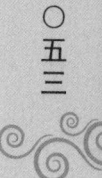

龙潭虎穴		【龙潭虎穴】lóng tán hǔ xué 龙潭：龙居住的深水坑；虎穴：老虎居住的山洞。比喻极其凶险不可走近的地方。
拳不离手，曲不离口		【拳不离手，曲不离口】quán bù lí shǒu, qǔ bù lí kǒu 拳：拳术；曲：歌曲。比喻经常勤学苦练，以求功夫纯熟。
日新月异		【日新月异】rì xīn yuè yì 日新：每天都有新的事物；月异：每月都有变化。形容事物发展、进步的很快，不断出现新事物、新气象。
青梅竹马		【青梅竹马】qīng méi zhú mǎ 青梅：青的梅子；竹马：指孩子将竹竿骑在裆下作马。唐·李白《长干行》："郎骑竹马来，绕床弄青梅。同居长干里，两小无嫌猜。"形容男女儿童的天真无邪在一起玩耍游戏的样子。

听其言而观其行		【听其言而观其行】tīng qí yán ér guān qí xíng 听了他说的话，还要观察他的行动。语出《论语·公冶长》。比喻要言行一致，才能做好任何一件事。
桃李满天下		【桃李满天下】táo lǐ mǎn tiān xià 桃李：桃树和李树，多比喻所培养的优秀人才。《资治通鉴·唐则天皇后·久视元年》记载，狄仁杰荐姚崇等数十人，后来多成为名臣，有人对狄仁杰说："天下桃李悉在公门矣。"后来就用"桃李满天下"比喻一个人到处都有自己的学生。
同声相应，同气相求		【同声相应，同气相求】tóng shēng xiāng yìng, tóng qì xiāng qiú 相近的声音，相同的气味互相应和、融合。比喻志趣相同的人与自然结合在一起。语出《周易·乾·文言》。
岁寒知松柏		【岁寒知松柏】suì hán zhī sōng bǎi 语出《论语·子罕》。比喻只有经过艰苦的考验才能看出一个人的品质。

流水不腐，户枢不蠹		【流水不腐，户枢不蠹】liú shuǐ bù fǔ,hù shū bù dù 户枢：门的转轴；蠹：蛀虫。流动的水不会腐臭，经常转动的门轴不会被蛀蚀。比喻经常运动的东西不会轻易地受外物的侵蚀，可以永久不坏。《吕氏春秋·尽数》："流水不腐，户枢不蝼，动也。"
全军覆没	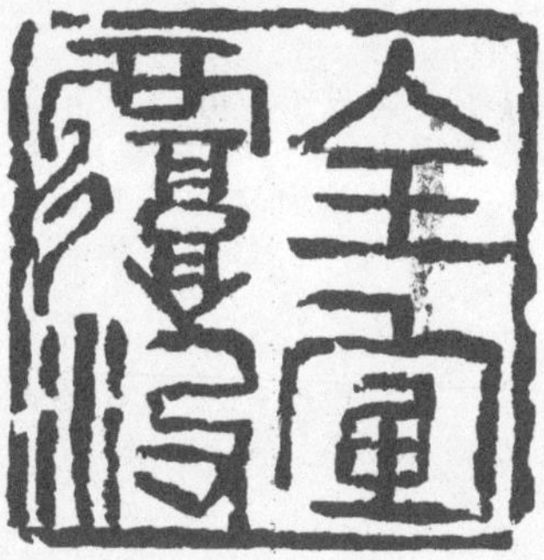	【全军覆没】quān jūn fù mò 覆没：船翻沉。全军被消灭。也比喻彻底被摧毁。清·顾炎武《日知录·卷九·宦官》："至十四年，阳和口之战，太监郭敬监军，诸将悉为所制，师无纪律，而宋谦朱冕全军覆没矣。"
拳拳服膺		【拳拳服膺】quán quán fú yīng 拳拳：牢牢抓住的样子，引申为诚恳、深切；膺：胸；服膺：谨记在心。语出《礼记·中庸》。形容恳切地牢记不忘。
龙腾虎跃		【龙腾虎跃】lóng téng hǔ yuè 像龙在飞腾，虎在跳跃。形容跑跳时动作矫健有力。也比喻奋起行动，有所作为。

太公钓鱼，愿者上钩		【太公钓鱼，愿者上钩】tài gōng diào yú, yuàn zhě shàng gōu 太公：指周朝初的吕尚（姜子牙）。《武王伐纣平话》里说，姜太公在渭水边上，用无饵的直钩放在离水面三尺上钓鱼，姜说："负命者上钩来！"后来就用"太公钓鱼，愿者上钩"比喻心甘情愿地上圈套。
万古千秋		【万古千秋】wàn gǔ qiān qiū 形容历经的时间久远。宋·释道原《景德传灯录·卷十六·庐山栖贤怀　禅师》："僧问：'如何是五老峰前句？'师曰：'万古千秋。'"
头痛医头，脚痛医脚		【头痛医头，脚痛医脚】tóu tòng yī tóu, jiǎo tòng yī jiǎo 比喻做事不从根本上解决问题或缺乏通盘计划、部署，只是就事论事，忙于应付。
谈笑自若		【谈笑自若】tán xiào zì ruò 自若：与平常一样。指在不平常的情况下，有说有笑，跟平常一样。《三要志·吴志·甘宁传》："城中士众皆惧，惟宁谈笑自若。"

立于不败之地		【立于不败之地】lì yú bù bài zhī dì 立于：处在。使自己处在永远不会失败的地位。《孙子·军形》："故善战者，立于不败之地，而不失敌之败也。"
满园春色		【满园春色】mǎn yuán chūn sè 整个家园都是春天的景色。比喻欣欣向荣的景色。也作"春色满园"。宋·叶绍翁《游园不值》诗："应嫌屐齿印苍苔，十扣柴扉九不开。春色满园关不住，一枝红杏出墙来。"
面目可憎，语言无味		【面目可憎，语言无味】màn mù kě zēng, yǔ yán wú wèi 憎：厌恶。相貌丑陋或神情卑劣，使人厌恶；语言干巴巴的没有味道。唐·韩愈《昌黎先生集·送穷文》："凡所以使吾面目可憎，语言无味者，皆子之志也。"
龙争虎斗		【龙争虎斗】lóng zhēng hǔ dòu 形容争斗或竞赛的激烈。《元曲选·郑德辉〈王粲登楼〉四》："收拾了龙争虎斗心。"

生于忧患，死于安乐		【生于忧患，死于安乐】shēng yú yōu huàn,sǐ yú ān lè 意思是指忧患使人能够勤奋起来，因而得生；安乐会使人怠惰，因而导致死亡。语出《孟子·告子下》。
声誉鹊起		【声誉鹊起】shēng yù què qǐ 声誉：声名。比喻声名迅速提高。
食不厌精，脍不厌细		【食不厌精，脍不厌细】shí bù yàn jīng, kuài bù yàn xì 精：仔细舂过的好米；脍：细切的鱼和肉；厌：满足。语出《论语·乡党》。指米舂得越精越好，鱼和肉切得越细越好。现多用以形容对饮食极其讲究。
上无片瓦，下无插针之地		【上无片瓦，下无插针之地】shàng wú piàn wǎ,xià wú chā zhēn zhī dì 形容穷得一无所有。《唐书·五行志》："咸通时童谣曰：'头无片瓦，地有残灰。'"

弃之如敝屣		【弃之如敝屣】qì zhī rú bì xǐ 弃：抛弃；之：文言代词，他；敝屣：破鞋子。指像扔掉破烂的鞋子那样把它扔掉。比喻毫不可惜地把它抛弃掉。
千里送鹅毛		【千里送鹅毛】qiān lǐ sòng é máo 俗语："千里送鹅毛，礼轻情意重。"宋·苏轼《扬州以土物寄少游》诗："且同千里寄鹅毛，保用孜孜饮麋鹿。"常比喻礼物虽然很轻而情意却深厚。
千军万马		【千军万马】qiān jūn wàn mǎ 形容兵马之多。也形容队伍雄壮或声势浩大。《南史·陈庆之传》："洛中谣曰：'名军大将莫自牢，千军万马避白袍。'"
弄巧成拙		【弄巧成拙】nòng qiǎo chéng zhuó 原本想要聪明，结果却做了蠢事。宋·黄庭坚《拙轩颂》："弄巧成拙，为蛇画足。"

熟能生巧		【熟能生巧】shú néng shēng qiǎo 对待长期的一种工作熟练了就能产生巧办法，或找到窍门。
童颜鹤发		【童颜鹤发】tóng yán hè fà 鹤发：白头发。头发像白鹤羽毛一样雪白，脸色像儿童一样红润。形容老年人气色好，有精神。
一举手之劳		【一举手之劳】yī jǔn shǒu zhī láo 一抬手就能办到。比喻不费力气。
蜩螗沸羹		【蜩螗沸羹】tiáo táng fèi gēng 蜩螗：蝉；羹：五味调和的浓汤。好像蝉噪、水开、羹熟一样。形容极其嘈杂。《诗经·大雅·荡》："如蜩如螗，如沸如羹。"

曲终奏雅		【曲终奏雅】qǔ zhōng zòu yǎ 雅：雅乐。乐曲到终结处奏出了雅正的乐音。原来是说不够完美，后转形容文章或艺术表现形式在结尾时显得特别精彩。
人怕出名猪怕壮		【人怕出名猪怕壮】rén pà chū míng zhū pà zhuàng 指人出名后会招致麻烦，就像猪长肥了要被宰掉一样。也泛指人出了名后，为了保住名位，因而怕事、保守。
求人不如求己		【求人不如求己】qiú rén bù rú qiú jǐ 直意求别人不如求自己。比喻做事首先要靠自己，不能依赖别人。
求大同，存小异		【求大同，存小异】qiú dà tóng,cún xiǎo yì 求：寻求；存：保留。谋求在基本原则上达到一致，对某些次要的、非原则性的问题可以保留不同的意见和见解。

万紫千红		【万紫千红】wàn zǐ qiān hóng 形容春色艳丽。也比喻事物丰富多彩或景象繁荣兴旺。宋·朱熹《春日》诗："等闲识得东风面，万紫千红总是春。"
万象更新		【万象更新】wàn xiàng gēng xīn 万象：宇宙间的一切景象；更：变更。一切事物或景象都变得焕然一新，改变了模样。
委曲求全		【委曲求全】wěi qū qiú quán 委曲：使自己受委屈。多指勉强迁就，求得事情的完成。
忘恩负义		【忘恩负义】wàng ēn fù yì 负：背弃。忘掉别人对自己的恩德，做出背弃正义的事情。《元曲选·杨文奎〈儿女团圆〉二》："他怎生忘恩负义？"

人心所向		【人心所向】rén xīn suǒ xiàng 人们所向往的，所拥护的。《晋书·熊远传》："人心所归，惟道与义。"
燃眉之急		【燃眉之急】rán méi zhī jí 燃：烧。火都烧到了眉毛那样的紧急。形容事情非常急迫。
墙倒众人推		【墙倒众人推】qiáng dǎo zhòng rén tuī 比喻趁别人受挫折的时候，一齐起来攻击他。
取之不尽，用之不竭		【取之不尽，用之不竭】qǔ zhī bù jìn, yòng zhī bù jié 拿不完，用不尽。形容物产非常丰富，用不完。宋·苏轼〈前赤壁赋〉："取之无禁，用之不竭。"

投笔从戎		【投笔从戎】tóu bǐ cóng róng 戎：军队。扔掉笔去参军。比喻弃文就武。据《汉书·班超传》记载，班超原来靠给官府抄写文章维持生活，曾扔掉笔叹息说，大丈夫应当到边疆去建立功业，争取封侯，哪能老在笔砚之间讨生活呢？
太岁头上动土		【太岁头上动土】tài suì tóu shàng dòng tǔ 太岁：木星；动土：指破土。在太岁的方位挖土兴工。迷信的说法，认为太岁某一年在某一方，这一方就不能动土搞建筑，否则就会触犯了太岁，就会得祸。比喻敢于触犯强暴。
吐故纳新		【吐故纳新】tǔ gù nà xīn 本指人体经呼吸，再吐出二氧化碳，吸进新鲜氧气。比喻弃旧的，吸新的。现在也指人的思维观念要不断进行调整。
螳螂捕蝉，黄雀在后		【螳螂捕蝉，黄雀在后】táng láng bǔ chán, huáng què zài hòu 螳螂捕捉到知了，然而却不知黄雀在后面等着啄它。也比喻目光短浅，一心图谋侵害别人，却不知道有人正在算计他。《吴越春秋》："螳螂捕蝉，志在有利，不知黄雀在后啄之。"

群策群力		【群策群力】qún cè qún lì 策：谋划。大家一起想办法，一起出力量。集中大家的智慧和力量。汉·扬雄《法言·重黎》："汉屈群策，群策屈群力。"
秋风扫落叶		【秋风扫落叶】qiū fēng sǎo luò yè 秋风把落下的树叶一扫而光。比喻扫除腐朽十分的容易。
人为刀俎，我为鱼肉		【人为刀俎，我为鱼肉】rén wéi dāo zǔ, wǒ wéi yú ròu 刀俎：剁肉的刀和案板，也指宰割的工具。比喻别人掌握生杀大权，自己却处于任人宰割的地位。《史记·项羽本纪》："如今人方为刀俎，我为鱼肉。"
取长补短		【取长补短】qǔ cháng bǔ duǎn 指吸取别人的长处，弥补自己的不足之处。也指在同类事物中取它的长处来补另个的短处。

痛心疾首		【痛心疾首】tòng xīn jí shǒu 疾首：头疼。形容痛恨到极点。《左传·成公十三年》："诸侯备闻此言，斯是用痛心疾首，昵就寡人。"
万变不离其宗		【万变不离其宗】wàn biàn bù lí qí zōng 其：他的；宗：主旨，目的。尽管在形式上变化多端，但其本质或目的却始终不能改变。
谈虎色变		【谈虎色变】tán hǔ sè biàn 色：脸色。原指曾被虎伤的人才知道虎的厉害。后比喻一提到可怕的事情，精神就紧张起来。明·归有光《论三区赋役水利书》："有光生长穷乡，谈虎色变，安能默然而已。"
谈笑风生		【谈笑风生】tái xiào fēng shēng 风生：指谈话时兴致很高，气氛活跃。形容谈话时有说有笑，兴致勃勃而有风趣。宋·辛弃疾《稼轩长短句·念奴娇·赠夏成王》："遐想后日蛾眉，两山横黛，谈笑风生颊。"

马到成功		【马到成功】mǎ dào chéng gōng 战马一到就取得胜利了。多形容迅速地取得胜利凯旋归来。《元曲选·郑廷玉〈楚昭公〉一》："管取马到成功，奏凯回来也。"
任重道远		【任重道远】rèn zhòng dào yuǎn 任：负担。负担沉重，路程遥远。语出《论语·泰伯》。比喻所担负的责任重大，而且要经历长期的艰苦奋斗。
求同存异		【求同存异】qiú tóng cún yì 找出共同之处，保留不同意见。
流言止于智者		【流言止于智者】liú yán zhǐ yú zhì zhě 流言：无根据的议论或坏话；智者：有见识的人。指流言到明眼人面前就再也传播不下去了。形容流言禁不起分析。《荀子·大略》："流丸止于瓯臾，流言止于智者。"（瓯臾，洼地。）

事半功倍		【事半功倍】shì bàn gōng bèi 形容费力很小却收效甚大。语本《孟子·公孙丑上》。
手无缚鸡之力		【手无缚鸡之力】shǒu wú fù jī zhī lì 缚：捆绑。古时用来形容文弱书生没有力气，手软得连鸡都捆不住。《元曲选·无名氏〈赚蒯通〉一》："那韩信手无缚鸡之力。"也指疲乏时没有力量。
寿终正寝		【寿终正寝】shòu zhōng zhèng qǐn 寿终：很大年纪才死去；正寝：旧式住宅的正房。指年老时在家安然而去。也比喻事物的消亡。
顺之者昌，逆之者亡		【顺之者昌，逆之者亡】shùn zhī zhě chāng, nì zhī zhě wáng 顺：顺从；之：文言代词，指"他"或"它"；昌：昌盛；逆：违背；亡：灭亡。顺从他就能够存在、发展，违背他的就要灭亡。《史记·太史公自序》："夫阴阳四时、八位、十二度、二十四节，各有教令，顺之者昌，逆之者不死则亡，示必然也，故曰'使人拘而多畏'。"

得天独厚		【得天独厚】dé tiān dú hòu 指具有特殊而优越的条件。指所处环境或所具备的条件都特别好。
公说公有理，婆说婆有理		【公说公有理，婆说婆有理】gōng shuō gōng yǒu lǐ,pó shuō pó yǒu lǐ 比喻甲说甲的对，乙说乙的对，各执一词。
风流人物		【风流人物】fēng liú rén wù 风流：英俊的，杰出的。宋·苏轼《念奴娇·赤壁怀古》词："大江东去，浪淘尽，千古风流人物。"指对一个时代具有一定影响的人物。
公事公办		【公事公办】gōng shì gōng bàn 公事要按照公家的制度去办，绝不讲私人情面。

事不关己，高高挂起		【事不关己，高高挂起】shì bù guān jǐ, gāo gāo guà qǐ 认为这件事情与自己无关，就把这件事高高地挂在一边而不去管它。
死马当活马医		【死马当活马医】sǐ mǎ dàng huó mǎ yī 马虽然死了，但还是尽力地抢救它。比喻在看来绝望的情况下尽力挽救。
是可忍，孰不可忍		【是可忍，孰不可忍】shì kě rěn,shú bù kě rěn 是：这个；孰：谁，哪个。指如果这事都可以忍耐，那还有什么事不可以忍耐的？比喻事情、事态恶劣到不能容忍的程度。语出《论语·八佾》。
肃然起敬		【肃然起敬】sù rán qǐ jìng 肃然：恭敬；起敬：产生敬佩的心情。形容看到的、听到的或想到的某一动人的事迹后出现恭敬的、钦佩的态度和心情。明·李贽《初潭集·卷十一·师友一·释教》："远公虽老，讲论不辍。弟子中或有惰者，远公曰：'桑榆之光，理无远照，但愿朝阳之晖，与时并明耳。'执经登坐，讽诵朗畅，词色甚苦。高足之徒皆肃然增敬。"

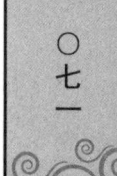

腹背受敌		【腹背受敌】fù bèi shòu dí 指前后都受到敌人的攻击、夹击。宋·王明清《挥麈三录》卷二引王襄檄文："今则脊尾俱摇，腹背受敌，旧地皆失，内溃有强敌之侵，众心自离，外骤无诸国之助。"
高岸为谷，深谷为陵		【高岸为谷，深谷为陵】gāo àn wéi gǔ, shēn gǔ wéi líng 谷：两山之间的夹道或流水道；陵：大土山。高岸变成深谷，深谷变成大土山。《诗经·小雅·十月之交》："百川沸腾，山冢崒崩，高岸为谷，深谷为陵。"原是对自然现象的描写，后比喻世事变迁。现多比喻一切事物在一定条件下却向其相反的方面转化。
扶老携幼		【扶老携幼】fú lǎo xié yòu 携：拉着。搀着老人，拉着小孩儿。《战国策·齐策四》："未至百里，民扶老携幼，迎君道中，终日。"现比喻尊敬老人、爱护儿童。
口惠而实不至	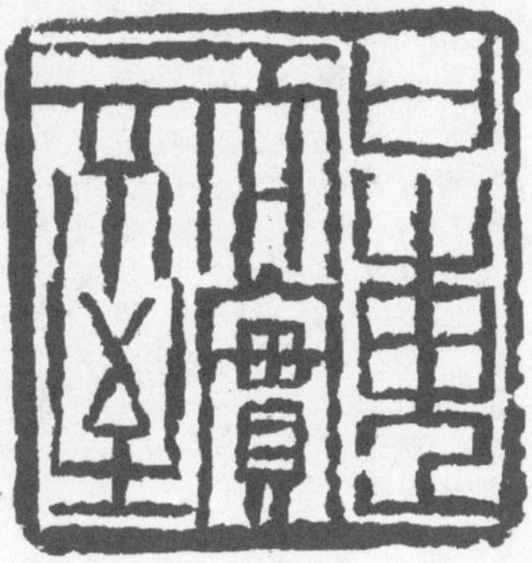	【口惠而实不至】kǒu huì ér shí bù zhì 惠：恩惠，给人以好处。比喻只在口头上许给别人以好处，而实际上好处却到不了别人身上。《礼记·表记》："口惠而实不至，怨灾及其身。"

软硬兼施		【软硬兼施】ruǎn yìng jiān shī 兼施：同时施展手段。也指软的和硬的手段都同时用上了。
如坐针毡		【如坐针毡】rúu zuò zhēn zhān 如坐在插了针的毡上一样。比喻心神不安。《晋书·杜锡传》“屡谏愍怀太子，言辞恳切，太子患之，后置针著锡常所坐处毡中，刺之流血”。
一鼓作气		【一鼓作气】yì gǔ zuò qì 鼓：敲战鼓；作：振作；气：指勇气。《左传·庄公十年》：“夫战，勇气也。一鼓作气，再而衰，三而竭。”原指战斗开始时鼓足勇气，现在形容做事时鼓起劲头，一气呵成，勇往直前。
塞翁失马		【塞翁失马】sài wēng shī mǎ 塞：边界上险要地方，边界的城关；翁：老头儿。《淮南子·人间训》记载，住在边塞上的一个老头儿，一天丢了马，别人来慰问，老头儿说：“此何遽不为福乎？”意思是，这怎么就不算是好事呢？数月后这匹马果然带了一匹好马回来了。后来就用“塞翁失马，安知非福”比喻虽然暂时吃了亏，却因此得到了好处。也指坏事可以变成好事。

扶危济困		【扶危济困】fú wēi jì kùn 扶：帮助，支持；危：危急；济：救济。对处境危急、生活困苦的人们给以帮助、救济。
肝胆相照		【肝胆相照】gān dǎn xiāng zhào 肝胆：指以真诚的心意对待他人。指对人忠诚，以真心相见。
五彩缤纷		【五彩缤纷】wǔ cǎi bīn fēn 五彩：各种色彩；缤纷：错杂繁复的样子。形容色彩鲜艳花样繁多。
东风压倒西风		【东风压倒西风】dōng fēng yā dǎo xī fēng 这一方压倒那一方。《红楼梦》第八十二回："但凡家庭之事，不是东风压了西风，就是西风压了东风。"现在用"东风压倒西风"比喻正义的力量对于邪恶势力占压倒的优势。

一而再，再而三		【一而再，再而三】yī ér zài, zài ér sān 再：第二次。两次三番，多指常犯错误。《尚书·多方》："至于再，至于三。"
一发千钧		【一发千钧】yī fà qiān jūn 钧：古代重量单位，一钧为三十斤。用一根头发悬挂着三万斤重的东西。比喻情况极其危急。唐·韩愈《昌黎先生集·与孟尚书书》："群儒区区修补，百孔千疮，随乱随失，其危如一发引千钧。"
一失足成千古恨		【一失足成千古恨】yì shī zú chéng qiān gǔ hèn 失足：失脚，指堕落或犯严重错误。比喻一旦犯了严重错误或堕落，就会成为终身的恨事。
一去不复返		【一去不复返】yī qù bù fù fǎn 返：回来。原意是，去了以后，再也不回来了。唐·崔颢《崔颢集·黄鹤楼》诗："黄鹤一去不复返，白云千载空悠悠。"现在形容事物已成过去，再也不能重现。

千钧一发		【千钧一发】qiān jūn yí fà 钧：古代重量单位，一钧为三十斤。用一根头发悬挂着三万斤重的东西。比喻情况极其危急。《汉书·枚乘传》："夫以一缕之任，系千钧之重，上悬无极之高，下垂不测之渊，虽甚愚之人，犹知哀其将绝也。"
青出于蓝，而胜于蓝		【青出于蓝，而胜于蓝】qīng chū yú lán, ér shèng yú lán 青：靛青；蓝：蓼蓝之类可用作蓝色颜料的草。靛青是从蓼蓝等草类中提炼出来的，但颜色却比蓼蓝等更深了。也比喻学生胜过老师或后人胜过前人。《荀子·劝学》："青，取之于蓝，而青于蓝；冰，水为之，而寒于水。"
情同手足		【情同手足】qíng tóng shǒu zú 手足：比喻兄弟；比喻交情很深很深，如同兄弟一样。
千真万确		【千真万确】qiān zhēn wàn què 确：真实。形容非常确定和真实。

失败者成功之母		【失败者成功之母】shī bài zhě chéng gōng zhī mǔ 失败是成功的基础。指从失败中吸取教训，就能把失败变为成功。
势不可当	 （秦篆体）	【势不可当】shì bù kě dāng 来势猛烈，无法可以抵挡。《晋书·郗鉴传》："群逆纵逸，其势不可当，可以算屈，难以力竞。"
识时务者为俊杰		【识时务者为俊杰】shí shí wù zhě wéi jùn jié 时务：世事，当时的形势或时代潮流；俊杰：杰出的人物。能认清当时形势，能够了解事物发展规律的，这才是杰出的人物。语本《三国志·蜀志·诸葛亮传》注引《襄阳记》"识时务者，在乎俊杰"。
实事求是		【实事求是】shí shì qiú shì 实事：指客观所存在的一切事物；求：指研究；是：客观事物的内部联系，即规律性。从实际情况出发，找出周围事物的内部联系，探求其发展的规律性，来用以指导行动。也指按照事物的实际情况办事，不夸大也不缩小。语出《汉书·河间献王传》。

亲如手足		【亲如手足】qīn rú shǒu zú 手足：比喻兄弟。原指兄弟之间的亲密情谊。《元曲选·孟汉卿〈魔合罗〉四》："想兄弟情亲如手足。"也比喻朋友之间感情深厚，亲密得像兄弟一样。
亲密无间		【亲密无间】qīn mì wú jiàn 间：缝隙。形容非常亲密，没有任何隔阂和缝隙。《汉书·萧望之传》："萧望之历位将相，藉师傅之恩，可谓亲昵无间。"
枪林弹雨		【枪林弹雨】qiāng lín dàn yǔ 指枪杆子像树林一样，子弹像下雨一样。形容战场上的炮火异常密集。
轻于鸿毛		【轻于鸿毛】qīng yú hóng máo 鸿毛：大雁的毛，很轻。比大雁的毛还轻。常比喻人死得毫无价值。

望尘莫及		【望尘莫及】wàng chén mò jí 及：赶上。远远望着前面人马行走时飞扬起来的尘土，可就是追赶不上。比喻落后别人很多。语本《后汉书·赵咨传》“暠送至亭次，望尘不及。”
万籁俱寂		【万籁俱寂】wàn lài jù jì 万籁：指自然万物发出的各种声响；寂：寂静，没有声音。形容周围环境非常的安静。唐·常建《常建集·题破山寺后禅院》诗：“万籁此俱寂，但余钟磬音。”
万里长城		【万里长城】wàn lǐ cháng chéng 指我国的长城。《南史·檀道济传》记载，宋文帝要杀害当时的著名将领檀道济，当派人捉檀时，檀道济气愤得目光如炬，把头巾往地上一掼大声说：“乃坏汝万里长城！”后来就用“万里长城”比喻国家所依赖的大将。现在也比喻保家为国的军队。
万事大吉		【万事大吉】wàn shì dà jí 吉：吉利，顺利。一切事情都进行的非常顺利，再不会出什么问题了。宋·周密《癸辛杂志》：“盐官教谕黄谦之题桃符板，句云：宜入新年怎生呵？百事大吉那般者。”现指该办的某件事情全办完了，再也没有什么事情可办的了。

全力以赴		【全力以赴】quán lì yǐ fù 赴：去，前往。把全部精力都用上去了。
千言万语		【千言万语】qiān yán wàn yǔ 形容说的话很多。唐·郑谷《燕》诗："千言万语无人会，又逐流莺过短墙。"比喻说了好多话，叮嘱某件事一定要达到目的。
平步青云		【平步青云】píng bù qīng yún 步：行走，这里指走上；青云：指高空，也指官位很高。比喻一下子达到很高的境界或地位。
皮之不存，毛将焉傅		【皮之不存，毛将焉傅】pí zhī bù cún,máo jiāng yān fù 焉：哪儿；傅：依附。皮都没有了，毛在哪儿长呢？比喻连基础都没有了，建筑在这基础上的东西也就无法存在。《左传·僖公十四年》："皮之不存，毛将安傅？"

胜败乃兵家之常		【胜败乃兵家之常】shèng bài nǎi bīng jiā zhī cháng 兵家：指带兵的人；常：经常的。胜利或失败是指挥战争时常碰到的事情。《旧唐书·裴度传》：“一胜一败，兵家常势。”
世外桃源		【世外桃源】shì wài táo yuán 晋·陶潜《桃花源记》描述了一个与世隔绝、没有遭受祸乱和没有“王税”的世界。后来人们用“世外桃源”比喻想象中的生活安乐而环境幽美的世界，现在用来比喻一种空想的脱离现实世界的地方。
十目所视，十手所指		【十目所视，十手所指】shì mù suǒ shì, shí shǒu suǒ zhǐ 形容一个人的言与行，总有许多人在监督着，如果有错误，绝不能隐藏起来。语出《礼记·大学》。
神采奕奕		【神采奕奕】shén cǎi yì yì 神采：从人的外貌显示出的精神、神气；奕奕：精神焕发的样子。形容人的精神旺盛，容光焕发。

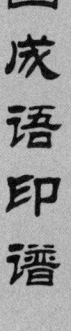

巧妇难为无米之炊		【巧妇难为无米之炊】qiǎo fù nán wéi wú mǐ zhī chuī 炊：做饭。没有米，再聪明而又能干的妇女，也做不出饭来。比喻做事缺少必要条件，就很难做成。宋·陆游《老学庵笔记·卷三》：“晏景初尚书请僧住院，僧辞以穷陋不可为。景初曰：‘高才固易耳。’僧曰：‘巧妇安能作无面汤饼乎？’”
前功尽弃		【前功尽弃】qián gōng jìn qì 功：成绩，功劳；弃：丢掉。以往所做的努力完全白费了。《战国策·西周策》：“公之功甚多；今公又以秦兵出塞，过两周，践韩，而以攻梁，一攻而不得，前功尽灭。公不若称病不出也。”
前人栽树，后人乘凉		【前人栽树，后人乘凉】qián rén zāi shù, hòu rén chéng liáng 常常比喻前人为后人所造的福。
擒贼先擒王	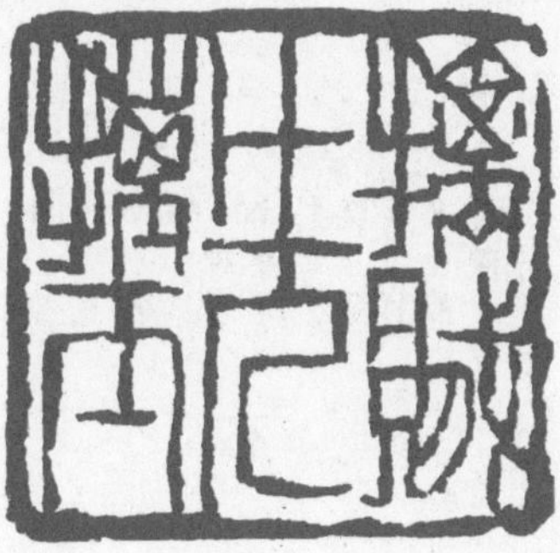	【擒贼先擒王】qín zéi xiān qín wáng 擒：捉拿，除掉。唐·杜甫《前出塞》诗：“射人先射马，擒贼先擒王。”比喻作战要先除掉主要敌人，也比喻做事要抓关键。

不可言状		【不可言状】bù kě yán zhuàng 言：陈述；状：描述。不能用言语来形容。
不由分说		【不由分说】bù yóu fēi shuō 分说：辩白。不容人辩解。也可作"不容分说"。
重蹈覆辙		【重蹈覆辙】chóng dǎo fù zhé 蹈：踏上；覆：翻，倒；辙：车碾过的印儿。重新走上翻车的老路。比喻不吸取失败的教训和经验，又走到失败的老路上来。《后汉书·窦武传》："今不虑前事之失，复循覆车之轨。"
冰清玉洁		【冰清玉洁】bīng qīng yù jié 像冰那样清澈透明，像玉那样纯洁。语出北齐·刘昼《刘子·妄瑕》。形容操行清白。

瓜田李下	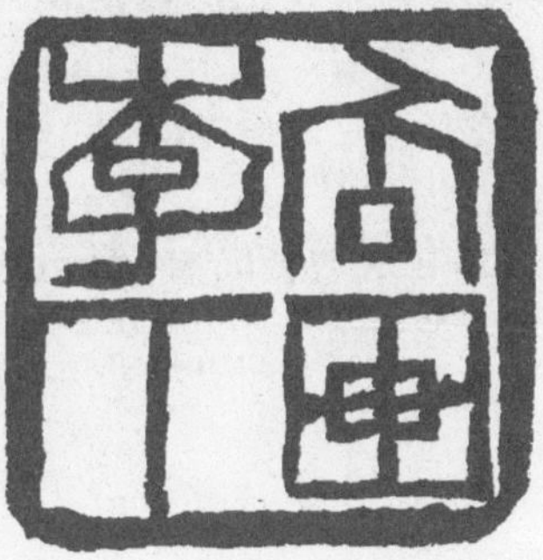	【瓜田李下】guā tián lǐ xià 经过瓜田，不弯腰提鞋子；走过李树下面，不举手整理帽子：以避免偷瓜、偷摘李子的嫌疑。比喻容易发生嫌疑的地方。古乐府《君子行》："君子防未然，不处嫌疑间，瓜田不纳履，李下不整冠。"
过江之鲫		【过江之鲫】guò jiāng zhī jì 鲫：鲫鱼（一般都成群活动）。东晋王朝在江南建立之后，北方很多知名之士也纷纷来到江南，当时有人就说："过江名士多于鲫。"后来就用"过江之鲫"形容某种时兴的事物很多。
寡见少闻		【寡见少闻】guǎ jiàn shǎo wén 寡：少；闻：见识。形容学识浅薄，所见不广。《文选·王褒〈四子讲德论〉》："俚人不知，寡见鲜闻。"
荒时暴月		【荒时暴月】huāng shí bào yuè 原指湖南方言，意思是凶荒的年月。收成不好或青黄不接的时候。

兵不血刃		【兵不血刃】bīng bù xuè rèn 兵：兵器；刃：刀锋。兵器上并没有沾血。形容未经血战就获得了胜利。语出《荀子·议兵》："故近者亲其善，远方慕其德，兵不血刃，远迩来服。"
同工异曲		【同工异曲】tóng gōng yì qǔ 工：细致，巧妙；异：不同的；曲：乐曲。曲调虽然不同，却都同样的美妙。比喻所做的事情虽然不同，但成绩却一样好。唐·韩愈《昌黎先生集·进学解》："子云相如，同工异曲。"
布鼓雷门		【布鼓雷门】bù gǔ léi mén 布鼓：用布蒙的鼓；雷门：古代会稽（今浙江省绍兴）的城门名。据《汉书·王尊传》："毋持布鼓过雷门。"颜师古注："雷门，会稽城门也，有大鼓，越（指今浙江）击此鼓，声闻洛阳；布鼓，谓以布为鼓，故无声。"比喻在高手面前卖弄本领。
后来居上		【后来居上】hòu lái jū shàng 据《史记·汲郑列传》记载："陛下用群臣，如积薪耳，后来者居上。"意思是说，资格浅的新进的反居资格老的人之上了，表示不以为然的意思。后来则用于称赞后来的人或事物胜过先前的。

黄钟大吕		【黄钟大吕】huáng zhōng dà lǚ 黄钟：古代音乐十二律中六种阳律的第一律；大吕：十二律中六种阴律的第四律。形容音乐或文辞正大，庄严，高妙和谐。
瓜剖豆分		【瓜剖豆分】guā pōu dòu fēn 像瓜被剖开，豆从荚里裂出一样。比喻国土被分割。南朝·宋·鲍照《芜城赋》："竟瓜剖而豆分。"
寡廉鲜耻		【寡廉鲜耻】guǎ lián xiǎn chǐ 寡、鲜：少。形容不知廉耻。语出《文选·司马相如〈喻巴蜀檄〉》。
喝雉呼卢		【喝雉呼卢】 hè zhì hū lú 喝：呼唤；雉、卢：古时摴(chū)蒱（一种赌博行为）骰子掷出的两种彩。形容旧时赌徒赌兴正酣时的丑态。

不动声色		【不动声色】bù dòng shēng sè 不从语气和表情上展现出来。形容非常镇静。语出宋·欧阳修《欧阳文忠集·相州昼锦堂记》。
疾风知劲草		【疾风知劲草】jí fēng zhī jìng cǎo 劲：有力量。只有经过大风的考验，才知什么样的草是强劲的。《后汉书·王霸传》："光武谓霸曰：'颍川从我者皆逝，而子独留努力，疾风知劲草。'"比喻在危难时才显出人的意志坚强，经得起考验。
浴血奋战		【浴血奋战】yù xuè fèn zhàn 满身是血还在奋力战斗。形容顽强勇敢，坚持战斗。
天夺之魄		【天夺之魄】tiān duó zhī pò 之：文言代词；魄：魂魄，灵魂。天夺去了他的灵魂。比喻将死去。《左传·宣公十五年》："不及十年，原叔（赵同）必有大咎，天夺之魄矣！"

卜昼卜夜		【卜昼卜夜】bǔ zhòu bǔ yè 据《左传·庄公二十八年》记载，齐桓公任命敬仲为工匠后，又到敬仲家去。敬仲设酒宴招待他，桓公喝得很高兴，就说：点起灯来接着喝下去。敬仲说：“臣卜其昼，未卜其夜，不敢。”原意是白天喝酒作乐，我占卜过了（问过神了），夜晚喝酒作乐，我没有占卜，我不敢答应你。后用“卜昼卜夜”形容不分昼夜地荒淫无度。
完美无缺		【完美无缺】wán měi wú quē 十分的完整、美好，没有丝毫缺点。
不期而然		【不期而然】bù qī ér rán 期：希望；然：如此。没有想到它这样，竟然就这样了。表示出乎意外，没有想到。
价廉物美		【价廉物美】jià lián wù měi 廉：价钱低。价格又便宜，货物又好。

震撼人心		【震撼人心】zhèn hàn rén xīn 震：震动，震惊；撼：动摇。指某件事对人内心震动很大。
博闻强志		【博闻强志】bó wén qiáng zhì 志：记。见闻学识广博，记忆力强。
忠贞不渝		【忠贞不渝】zhōng zhēn bù yú 贞：意志或操守坚定不移；渝：改变，违背。对于某件事，某一种思想某个人，忠诚坚定，永不改变。
一柱擎天		【一柱擎天】yī zhù qíng tiān 擎：托，举起。一根柱子能托住天空。比喻能扛起、担当大事。《唐大诏令集·中和三年·赐陈敬瑄铁券文》：“卿五山镇地，一柱擎天。”

行云流水		【行云流水】xíng yún liú shuǐ 比喻文章的布局和展开都很自然，就像流动的云和水一样，不受拘束。宋·苏轼《与谢民师推官书》："所示书教及诗赋杂文，观之熟矣，大略如行云流水，初无定质，但常行于所当行，常止于不可不止。"
高风亮节		【高风亮节】gāo fēng liàng jié 高风：高尚的品格；亮节：坚贞的节操。形容品格和行为都特别高尚。宋·胡仔《苕溪渔隐丛话后集》卷一："余谓渊明高风峻节，固已无愧于四皓，然犹仰慕之，尤见其好贤尚友之情也。"
一言九鼎		【一言九鼎】yì yán jiǔ dǐng 鼎：古代国家的宝器。形容一句话抵得上九鼎重。形容一句话的作用很大。语本《史记·平原君虞卿列传》"毛先生（毛遂）一至楚而使赵重于九鼎大吕"。
天长日久		【天长日久】tiān cháng rì jiǔ 天是无尽头的，日子是遥远的。形容时间特别长，日子很久。

万里长征		【万里长征】wàn lǐ cháng zhēng 征：远行。一万里路的行程。形容非常远的长途旅程。唐·王昌龄《王昌龄集·出塞》诗："秦时明月汉时关，万里长征人未还。但使龙城飞将在，不教胡马度阴山。"
万事俱备，只欠东风		【万事俱备，只欠东风】wàn shì jù bèi, zhǐ qiàn dōng fēng 在《三国演义》的故事中，周瑜定好了火攻曹操的计划，并且做好了一切战斗准备，只差东风还没有刮起来，不能放火。现比喻一切都准备好了，就差最后的一个重要条件。
望而却步		【望而却步】wàng ér què bù 却步：不敢前进，向后退。看到了比自己强的就往后退缩。形容遇到强大的敌人或困难时就向后退缩的怯懦表现。
万事亨通		【万事亨通】wèn shì hēng tōng 亨通：顺利。做任何事情都顺利。

旗开得胜		【旗开得胜】qí kāi dé shèng 发号令的战旗一扬就打了胜仗。也比喻事情一开始就获得成功。形容事情开头特别顺利。
破题儿第一遭		【破题儿第一遭】pò tí ér dì yī zāo 破题：古时试贴诗及八股文的起首两句。比喻事情的开端或第一次。
前程万里		【前程万里】qián chéng wàn lǐ 前程：前途。形容前途远大。宋·计在功《唐诗纪事·崔铉》："此儿（崔铉）可谓前程万里。"
千难万险		【千难万险】qiān nán wàn xiǎn 多指前进的路途中困难、危险极多。

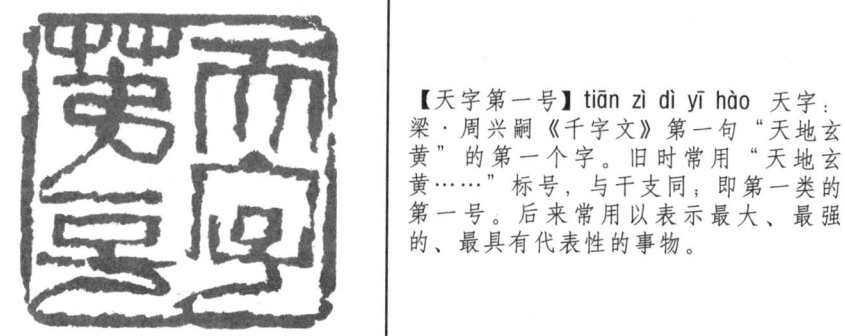

天字第一号		【天字第一号】tiān zì dì yī hào 天字：梁·周兴嗣《千字文》第一句“天地玄黄”的第一个字。旧时常用“天地玄黄……”标号，与干支同；即第一类的第一号。后来常用以表示最大、最强的、最具有代表性的事物。
天网恢恢，疏而不漏		【天网恢恢，疏而不漏】tiān wǎng huī huī, shū ér bù lòu 天网：天道的网，指自然的惩罚；恢恢：宽广的样子；疏：稀，不密。据《老子》七十三章：“天网恢恢，疏而不失。”意思是说天道公平，作恶就要受到惩罚，虽然它看起来很稀疏，但决不会放过一个坏人。后用以形容做了坏事的人迟早都要受到惩罚。
万水千山		【万水千山】wàn shuǐ qiān shān 形容经过的山水非常多，路途遥远而艰险。
囤积居奇		【囤积居奇】tún jī jū qí 囤：积存；居：囤积；奇：稀罕或稀少的东西。多指大量购存商品，而待机再高价出售获得暴利的投机行为。

魄散魂飞		【魄散魂飞】pò sàn hún fēi 魂、魄：所谓的精神、灵气。吓得魂魄都飞散了，形容惊恐万状，不知如何是好。也作“魂飞魄散”。《元曲选·无名氏<百花亭>三》：“可正是船到江心补漏迟，只着我魄散魂飞。”
奇珍异宝		【奇珍异宝】qí zhēn yì bǎo 异：特殊的。稀奇难得、少见的宝物。
气冲霄汉		【气冲霄汉】qì chōng xiāo hàn 气：气概，精神；霄：云霄，天空；汉：银河；霄汉：指天空。形容某种精神很崇高，魄力勇气非常大。
牵一发而动全身		【牵一发而动全身】qiān yī fà ér dòng quán shēn 牵一根头发就可带动全身。比喻动一个极小的部分就可以影响全局。清·龚自珍《龚定庵全集·自春徂秋偶有所触》诗：“一发不可牵，牵之动全身。”

少壮不努力，老大徒伤悲		【少壮不努力，老大徒伤悲】shào zhuàng bù nǔ lì, lǎo dà tú shāng bēi 老大：年岁大了；徒：只，白白地。年轻的时候不努力学习或工作，到上了年纪一事无成，就只好白白地伤悲，后悔已经来不及了。多用以鼓励年轻人趁年轻抓紧、及时努力学习或工作。汉乐府《长歌行》：“百川东到海，何时复西归？少壮不努力，老大徒伤悲！”
茹苦含辛		【茹苦含辛】rú kǔ hán xīn 辛：辣；茹：吃。形容忍受千辛万苦，才把事情做成。
失之东隅，收之桑榆		【失之东隅，收之桑榆】shī zhī dōng yú, shōu zhī sāng yú 东隅：指日出处；桑榆：日将落时的余晖在桑榆之间，也指日落处。比喻在这边失败了，在那边却得到了胜利。据《后汉书·冯异传》载刘秀《劳冯异诏》：“始虽垂翅回溪，终能奋翼渑池。可谓失之东隅，收之桑榆。”
上梁不正下梁歪		【上梁不正下梁歪】shàng liáng bù zhèng xià liáng wāi 比喻在上边的人做的不好，下边的人也就会跟着学坏。据《缀白裘·铁冠图·夜乐》：“不要怪他们，这叫做上梁不正下梁歪。”

平心静气		【平心静气】qíng xīn jìng qì 心平气和，态度冷静。指凡遇到不合心愿的事情都要静下心来，保持冷静。
欺世盗名		【欺世盗名】qī shì dào míng 世：世人；盗：窃取；名：名誉。欺骗当世的人，窃取名誉。《宋史·郑丙传》："丙……奏：近世士大夫有所谓道学者，欺世盗名，不宜信用。盖指熹（朱熹）也。"
怒不可遏		【怒不可遏】nù bù kě è 遏：止。愤怒得令人难以抑制。
千疮百孔		【千疮百孔】qiān chuāng bǎi kǒng 比喻被破坏得非常严重，或毛病很多。唐·韩愈《昌黎先生集·与孟尚书书》："群儒区区修补，百孔千疮，随乱随失，其危如一发引千钧。"

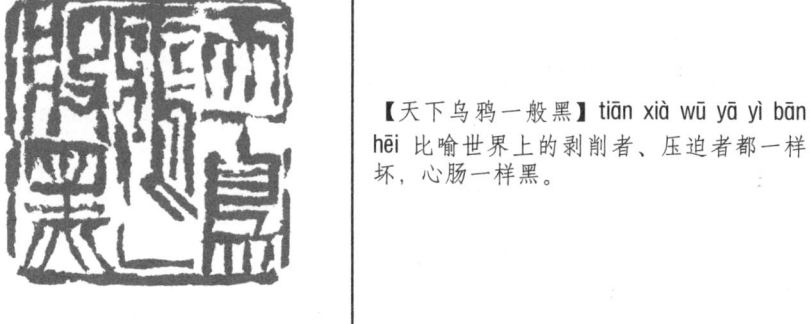

天下乌鸦一般黑		【天下乌鸦一般黑】tiān xià wū yā yì bān hēi 比喻世界上的剥削者、压迫者都一样坏，心肠一样黑。
痛改前非		【痛改前非】tòng gǎi qián fēi 痛：彻底；非：过错。表示要彻底改正以前的过错。
天有不测风云		【天有不测风云】tiān yǒu bú cè fēng yún 不测：预想不到的。比喻有些灾祸的发生，事先是无法预料的。
天下本无事，庸人自扰之		【天下本无事，庸人自扰之】tiān xià běn wú shì, yōng rén zì rǎo zhī 庸人：平凡的人；自扰：自己搅乱自己。指本来无事而去自找麻烦。《新唐书·陆象先传》："天下本无事，庸人自扰之为烦耳。"

平分秋色		【平分秋色】píng fēn qiū sè 比喻双方各分一半。宋·李朴《中秋》诗："平分秋色一轮满，长伴云衢千里明。"
气贯长虹		【气贯长虹】qì guàn cháng hóng 气：气概，精神；贯：贯穿；虹：雨后天晴时天空中出现的七彩圆弧。形容气势壮盛，简直可以贯穿长虹。《礼记·聘义》："气如白虹。"
千里之堤，溃于蚁穴		【千里之堤，溃于蚁穴】qiān lǐ zhī dī, kuì yú yǐ xué 溃：溃决，被大水冲破堤防；蚁穴：蚂蚁洞。千里长的大堤，因有一个小小的蚂蚁洞而崩溃。比喻小事或小的地方不注意就会酿成大祸或造成严重损失。《韩非子·喻老》："千丈之堤，以蝼蚁之穴溃；百尺之室，以突隙之烟焚。"
弃暗投明		【弃暗投明】qì àn tóu míng 离开黑暗，投向光明。也比喻在政治上脱离反动势力，投向进步势力。

喜出望外		【喜出望外】xǐ chū wàng wài 望：希望，意料。出乎意料的高兴。宋·苏轼《与李之仪书》："契阔八年，岂谓复有见日，渐近中原，辱书尤数，喜出望外。"
文风不动		【文风不动】wén fēng bù dòng 一点儿也不动。《红楼梦》第二十九回："偏生那玉坚硬非常，摔了一下，竟文风不动。"也形容遇事坚定。
一佛出世，二佛生天		【一佛出世，二佛生天】yī fó chū shì, èr fó shēng tiān 出世：指生；生天，指死。形容死去活来。明·凌濛初《二刻拍案惊奇五》："真珠姬一发乱擲乱掷，哭得一佛出世，二佛生天。"
一决雌雄		【一决雌雄】yī jué cí xióng 雌雄：这里指胜负、高低。比喻决定胜败、高低。《史记·项羽本纪》："愿与汉王挑战，决雌雄。"

破釜沉舟		【破釜沉舟】pò fǔ chén zhōu 釜：锅。把饭锅打破，把渡船凿沉。比喻下定决心干到底。《史记·项羽本纪》："项羽乃悉引兵渡河，皆沉船，破釜甑，烧庐舍，持三日粮，以示士卒必死，无一还心。"
破除迷信		【破除迷信】pò chú mí xìn 原指破除鬼神、命运等骗人的东西，现也指解放思想，树立敢想、敢说、科学的新风格。
怒发冲冠		【怒发冲冠】nù fà chōng guān 气得头发竖立，顶起帽子。形容气愤到极点的样子。《史记·廉颇蔺相如列传》："相如因持璧却立倚柱，怒发上冲冠。"
奇谈怪论		【奇谈怪论】qí tán guài lùn 没有依据的、奇怪的、不合情理的言论。

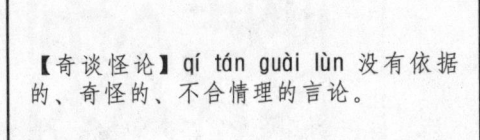

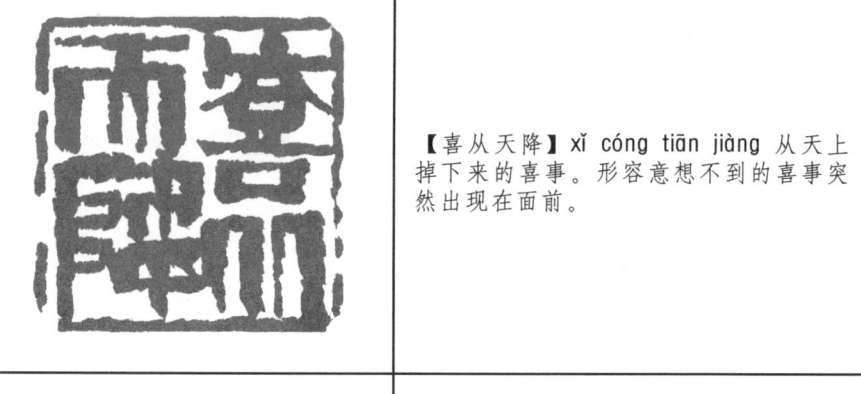

喜从天降		【喜从天降】xǐ cóng tiān jiàng 从天上掉下来的喜事。形容意想不到的喜事突然出现在面前。
一脉相承		【一脉相承】yí mài xiàng chéng 一个血统或派别世代传承下来。比喻人与人或事物之间的传承关系。
物极必反		【物极必反】wù jí bì fǎn 极：到达顶点；反：向相反方向转变。事物发展到了顶点，必定向相反方向转化。《鹖冠子·环流》："物极则反，命曰环流。"
五分钟热度		【五分钟热度】wǔ fēn zhōng rè dù 比喻做事的热情只能维持极短的时间。

其乐无穷		【其乐无穷】qí lè wú qióng 其中的乐趣没有穷尽。形容心态平和，对人生充满希望。
千里迢迢		【千里迢迢】qiān lǐ tiáo tiáo 迢迢：遥远。形容路途遥远。
妻离子散		【妻离子散】qī lí zǐ sàn 形容一家人被迫分离四散。
蓬生麻中，不扶自直		【蓬生麻中，不扶自直】péng shēng má zhōng, bù fú zì zhí 蓬草长在大麻田中，不用扶助，自然挺直。旧时比喻人生活在好人中，也能成为好人。《荀子·劝学》："蓬生麻中，不扶自直。"

一动不如一静		【一动不如一静】yī dòng bù rú yī jìng 据宋·张端义《贵耳集》上记载："孝宗幸天竺及灵隐，有僧辉相随。见飞来峰，问辉曰：'既是飞来，如何不飞去？'对曰：'一动不如一静。'"后来就用以泛指没有把握或无益的事，还是不做为好。也比喻多一事不如少一事。
未雨绸缪		【未雨绸缪】wèi yǔ chóu móu 绸缪：用绳索缠捆。《诗经·豳风·鸱号》："迨天之未阴雨，彻彼桑土，绸缪牖户。"指在没有下雨的时候，就要把门窗捆绑牢固。后来比喻事前就要做好准备工作。
五湖四海		【五湖四海】wǔ hú sì hǎi 指全国各地，四面八方。宋·释道原《景德传灯录·卷十八·福州鼓山兴圣祥禅师》："鼓山自住三十余年，五湖四海来者向高山顶上看山玩水，未见一人快利通得。"现在有时指来自不同地方的人。也指团结起大多数人。
勿以恶小而为之，勿以善小而不为		【勿以恶小而为之，勿以善小而不为】wù yǐ è xiǎo ér wéi zhī, wù yǐ shàn xiǎo ér bù wéi 勿：不要；以：以为；为：做。不要以为是微小的坏事就可以做，不要以为是不大的好事就不去做。语出《三国志·蜀志·先主传》注引《诸葛亮集》。

披星戴月		【披星戴月】pī xīng dài yuè 形容早出晚归，也形容不分昼夜地赶路或在野外辛勤劳动。元·柯丹丘《荆钗记·赴任》：“带月披星，车尘马足不暂停。”也作“戴月披星”。
评头品足		【评头品足】píng tóu pǐn zú 评、品：评论，区分高低、优劣。原指旧时一些无聊的人评论妇女的容貌。现泛指对人对事说长道短，多方挑剔。
气吞山河	 （古老体）	【气吞山河】qì tūn shān hé 指气势可以吞掉高山和大河。形容气魄很大。
千辛万苦		【千辛万苦】qiān xīn wàn kǔ 指费尽极多极大的辛苦。明·李开先《林冲宝剑记》第八出：“你我十载边关，千辛万苦，都是这几个奸党拨置，把汗马功劳，都做了一场春梦。”

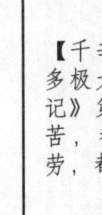

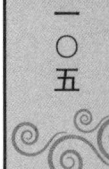

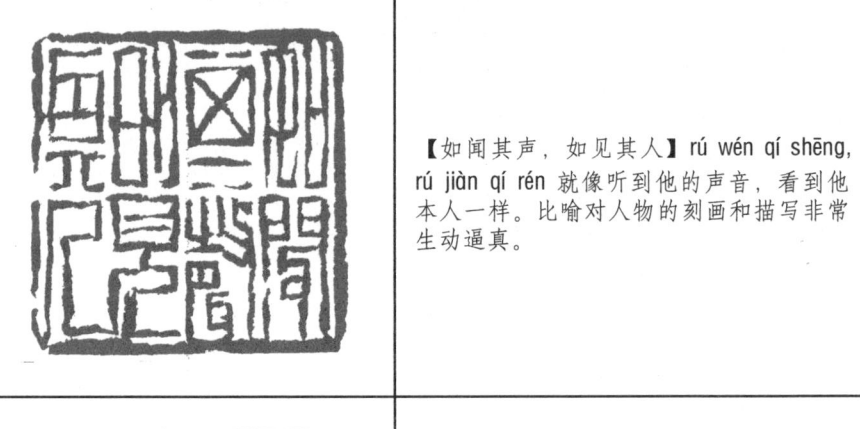

如闻其声，如见其人		【如闻其声，如见其人】rú wén qí shēng, rú jiàn qí rén 就像听到他的声音，看到他本人一样。比喻对人物的刻画和描写非常生动逼真。
声势浩大		【声势浩大】shēng shì hào dà 形容声威气势非常壮大。
胜不骄，败不馁		【胜不骄，败不馁】shèng bù jiāo, bài bù něi 骄：骄傲；馁：气馁，丧气。胜利了不骄傲，失败了也不气馁。
飒爽英姿		【飒爽英姿】sà shuǎng yīng zī 飒爽：矫健、神采焕发；英姿：英勇威武的资态。形容意气风发、威武豪迈的姿态。也作“英姿飒爽”。唐·杜甫《丹青引赠曹将军霸》：“褒公（段志元）鄂公（尉迟敬德）毛发动，英姿飒爽来酣战。”

千呼万唤		【千呼万唤】qiān hū wàn huàn 经过多次的邀请，催促。语出唐·白居易《白氏长庆集·琵琶行》：“千呼万唤始出来。”指经多次的召唤才出来。
铺天盖地		【铺天盖地】pū tiān gài dì 铺天：气势浩大。形容来势猛烈，充满了整个天地。
棋逢对手		【棋逢对手】qí féng duì shǒu 逢：碰到；对手：敌手，比喻双方的本领相当，能手碰上了能手。《元曲选·无名氏<百花亭>二》：“哎，高君也，咱两个棋逢对手。”
气势磅礴		【气势磅礴】qì shì páng bó 磅礴：广大无边的样子。形容气势雄伟壮观。

龙跃凤鸣		【龙跃凤鸣】lóng yuè fèng míng 比喻文才好。《晋书·褚陶传》："君（指陆机）兄弟龙跃云津，顾彦先凤鸣朝阳，谓东南之宝已尽，不意复见褚生。"
龙马精神		【龙马精神】lóng mǎ jīng shén 龙马：骏马。常比喻人的精神健壮。唐·李郢《上裴晋公》诗："四朝忧国鬓如丝，龙马精神海鹤姿。"
山盟海誓		【山盟海誓】shān méng hǎi shì 以山海为誓，表示爱情要像山和海一样永恒不变。
三天打鱼，两天晒网		【三天打鱼，两天晒网】sān tiān dǎ yú, liǎng tiān shài wǎng 指学习或做事没有恒心，时常中断，不能坚持下去。

论功行赏		【论功行赏】lùn gōng xíng shǎng 按照功劳的大小给予奖赏。《三国志·吴志·顾谭传》："时论功行赏，以为驻敌之功大，退敌之功小。"
绿衣使者		【绿衣使者】lǜ yī shǐ zhě 指鹦鹉。相传唐代长安杨崇义被妻刘氏和邻人李弇谋杀，县官到杨家察看，杨家的鹦鹉忽然说人话，说杀它家主人的是李弇。案情大白。唐玄宗因封鹦鹉为"绿衣使者"。见《开元天宝遗事》。近代称邮递员为"绿衣使者"。
明察秋毫之末，而不见舆薪		【明察秋毫之末，而不见舆薪】míng chá qiū háo zhī mò, ér bù jiàn yú xīn 末：末梢，尖端；舆：车子；薪：柴。语出《孟子·梁惠王上》。意思是说，他的眼力可以看到秋天鸟兽刚长出的新毛尖端，却看不见一车柴草。后以比喻只看到小处，看不到大处。
麻痹大意		【麻痹大意】má bì dà yì 麻痹：肢体失去知觉的一种疾病。比喻警觉疏忽大意。

脱胎换骨		【脱胎换骨】tuō tāi huàn gǔ 本是道教用语，他们认为修道者得道，就脱凡胎而成圣胎，换凡骨而为仙骨。现在比喻通过教育和改造，从根本改变一个人的立场和世界观。也比喻重新做人。
相忍为国		【相忍为国】xiān rěn wèi guó 忍：让。为了国家的利益而做一定的让步。
蓬筚生辉		【蓬筚生辉】pén bì shēng huī 蓬筚：蓬草、荆竹编的门，形容穷人的家。使贫家增添光辉。用以称谢别人来到自己家里或称谢别人题赠的字画送到自己家里。
千里之行，始于足下		【千里之行，始于足下】qiān lǐ zhī xíng, shǐ yú zú xià 行：走；足下：第一步。一千里的路程是从迈第一步开始的。比喻事情的成功都是由小而大逐渐积累的。《老子》六十四章："合抱之木，生于毫末。九层之台，起于累土。千里之行，始于足下。"

信手拈来		【信手拈来】xìn shǒu niān lái 信手：随手；拈：用指头捏取东西。形容写文章时词汇或材料丰富，不用思考。
惶惶不可终日		【惶惶不可终日】huáng huáng bù kě zhōng rì 惶惶：也作“皇皇”，匆忙、窘急、心绪不定的样子。形容慌急得一天也过不下去了。
心有余而力不足		【心有余而力不足】xīn yǒu yú ér lì bù zú 心里想干，却力量不够。
悬崖勒马		【悬崖勒马】xuán yá lè mǎ 勒：收住缰绳，使马止步。比喻到了危险的关头及时醒悟回头。

闻名不如见面		【闻名不如见面】wén míng bù rú jiàn miàn 闻：耳听，只听到他的名声不如看见他的本人。语出《北史·列女传》："母曰：吾闻闻名不如见面。"
一目了然		【一目了然】yí mù liǎo rán 了然：明白。一看就完全清楚明白了。
温故而知新		【温故而知新】wēn gù ér zhī xīn 温：温习；故：旧的。温习已学过的东西，又有新的体会。语出《论语·为政》。现在有时比喻吸取历史经验，给认识当前情况提供参考。
温良恭俭让		【温良恭俭让】wēn liáng gōng jiǎn ràng 温：温和；良：善良；恭：恭敬，谦逊；俭，节俭；让：忍让。语出《论语·学而》。原意为温和、善良、恭敬、节俭、忍让这五种美德。这原是儒家提倡待人接物的准则。有时也指缺乏斗争性。

气象万千		【气象万千】qì xiàng wàn qiān 气象：景象。形容景色的变化和事物的多种多样，富于变化，非常壮观。宋·范仲淹《范文正公集·岳阳楼记》：“朝晖夕阴，气象万千。”
起死人，肉白骨		【起死人，肉白骨】qǐ sǐ rén, ròu bái gǔ 能把死人救活，使白骨再长出肉来。比喻给人以极大的恩惠。《国语·吴语》：“君王之于越也,繄起死人而肉白骨也。”
千山万水		【千山万水】qiān shān wàn shuǐ 形容山水很多或比喻路途的艰险、遥远。唐·宋之问《至端州驿见杜五审言……题壁慨然成咏》诗：“岂意南中岐路多，千山万水分乡县。”
锲而不舍		【锲而不舍】qiè ér bù shě 锲：镂刻；舍：停止，放下。不断地镂刻。比喻坚持不懈，永不停止。《荀子·劝学》：“锲而舍之，朽木不折；锲而不舍，金石可镂。”

像煞有介事		【像煞有介事】xiàng shà yǒu jiè shì 像煞：像极；介事：那样的事情。指江浙一带的方言，形容装腔作势，活像真有那么回事情似的。
孝子贤孙		【孝子贤孙】xiào zǐ xián sūn 指孝顺父母的儿子，有德行的孙子。《汉书·武帝纪》："建元元年四月诏曰：'今天下孝子顺孙，愿自竭尽以承其宗。'"现用以指承袭反动主张的人。
小心谨慎		【小心谨慎】xiǎo xīn jǐn shèn 小心：留心，谨慎。形容说话、办事非常慎重，不敢松懈。语出《汉书·霍光传》："小心谨慎，未尝有过。"
阳关大道		【阳关大道】yáng guān dà dào 阳关：古时关名，现甘肃省敦煌县西南。原指经过阳关通往西域的大道。现指宽阔的交通大道。也比喻光明的前途。

赔了夫人又折兵		【赔了夫人又折兵】péi le fū rén yòu zhé bīng 折：亏损；折兵：使兵员受到损失。据《三国演义》里说，周瑜把孙权的妹妹许给刘备，让刘备到东吴来招亲，打算乘机扣留，便夺还荆州。结果刘备到了东吴完婚后，设计带着孙夫人逃出吴国。所以蜀国士兵讥笑说："周郎妙计安天下，赔了夫人又折兵。
默默无闻		【默默无闻】mò mò wú wén 默默：没有声音。形容不出名，没有人知道。
墨守陈规		【墨守陈规】mò shǒu chén guī 墨守：战国时期墨翟以善于守城而著名，后因称善守者为墨守；陈规：现成的或久已通行的规则、方法。形容思想保守，按老规矩办事，不求改进。
前车之鉴		【前车之鉴】qián chē zhī jiàn 前车：前面的车子；鉴：镜子，引申为教训。汉·贾谊《治安策》："谚曰：'前车覆，后车诫。'"（覆，翻车。）比喻前人的失败，后人可以当做教训。

虚无缥缈		【虚无缥缈】xū wú piāo miǎo 缥缈：隐隐约约若有若无的样子。形容空虚的、没有确实根据、不可靠的事情。唐·白居易《白氏长庆集·长恨歌》，“忽闻海上有仙山，山在虚无缥缈间。”
息事宁人		【息事宁人】xī shì níng rén 息：平息；宁：使安定。《后汉书·章帝纪》：“其令有司，罪非殊死，且勿案验；及吏人条书相告，不得听受，冀以息事宁人。”原意是指不制造事端，不扰害百姓。后指调和纠纷，把事情平息下去，使人们相安无事。
先发制人		【先发制人】xiān fā zhì rén 指交战的双方，先发动的处于主动地位。语出《汉书·项籍传》，也指先下手争取主动，可以控制对方。
心急如焚		【心急如焚】xīn jí rú fén 焚：烧。形容心里急得像火烧的一样。五代·前蜀·韦庄《才调集·韦庄<秋日早行>》诗：“行人自是心如火，兔走乌飞不觉长。”

牛鬼蛇神		【牛鬼蛇神】niú guǐ shé shén 牛头的鬼，蛇身的神。泛指妖魔鬼怪。唐·杜牧《李架诗序》："鲸呿鳌掷，牛鬼蛇神，不足为其虚幻荒庭也。"原比喻诗写得奇特而有浪漫气息。现比喻形形色色的坏人。
贫无立锥之地		【贫无立锥之地】pín wú lì zhuī zhī dì 立锥之地：插锥子的地方，指地方极小。形容穷得连插锥子的地方都没有。《汉书·食货志》："富者田连仟佰（阡陌），贫者亡（无）立锥之地。"
藕断丝连		【藕断丝连】ǒu duàn sī lián 藕：水中的植物，藕已折断，丝还连着。比喻没有彻底断绝关系。唐·孟郊《孟东野诗集·去妇》："妾心藕中丝，虽断犹连牵。"
奇耻大辱		【奇耻大辱】qí chǐ dà rǔ 奇：少有的。形容受到极大的耻辱。

嘘寒问暖		【嘘寒问暖】xū hán wèn nuǎn 嘘寒：用呵出的热气使寒冷的人感到温暖；问暖：指问冷问热。形容对别人的生活非常关心并实行帮助。
言而有信		【言而有信】yán ér yǒu xìn 说出的话就算数，有信用。语出《论语·学而》。
言简意赅		【言简意赅】yán jiǎn yì gāi 赅：完备。指言语简练，意思完备而深刻。形容说话、写文章非常简明扼要。
言必信，行必果		【言必信，行必果】yán bì xìn, xíng bì guǒ 信：守信用；果：坚决。说出来的话一定算数，行动起来一定坚决。语出《论语·子路》。

弄虚作假		【弄虚作假】nòng xū zuò jiǎ 虚：空的东西，没有的事。指用虚假的一套来骗人。
破竹之势		【破竹之势】pò zhú zhī shì 指像破竹子一样，劈开几节之后，下面的就顺着刀子分开来了。形容作战或工作节节胜利，毫无阻碍。也形容不可阻挡的气势。语本《晋书·杜预传》“兵威已振，譬如破竹，数节之后，迎刃而解”。
破镜重圆		【破镜重圆】pò jìng chóng yuán 据唐·孟棨《本事诗》记载，南朝陈将亡时，徐德言估计到在战乱中可能同妻子离散，就打破一面铜镜，各执一半，作为日后重见的凭证，并约定正月十五日卖镜于市，借此探听消息。陈亡后，两人果然走散了，后来徐德言就靠半边镜子按约定的办法找到了妻子。以后就用“破镜重圆”来比喻夫妇失散或决裂后又重新团聚。
奇文共赏		【奇文共赏】qí wén gòng shǎng 奇：新奇，少见的。新奇的文章共同欣赏。晋·陶潜《陶渊明集·移居》诗：“奇文共欣赏，疑义相与析。”现常用于贬义。

现身说法		【现身说法】xiàn shēn shuō fǎ 据宋·释道原《景德传灯录·卷二·释迦牟尼佛》记载：“亦于十方界中现身说法。”、原是佛教的说法，意思是佛能够随一切有生命的东西现出种种身形来说佛法。后来比喻用亲身经历作例证来说明道理或劝导别人。
先见之明		【先见之明】xiān jiàn zhī míng 明：指眼光，眼力。有预见事物发展的眼力。形容有预见性。《后汉书·杨彪传》：“愧无日磾先见之明。”
一鼻孔出气		【一鼻孔出气】yī bí kǒng chū qì 比喻站在同一立场上，观点、主张完全一样。多用于贬义。
学而不厌		【学而不厌】xué ér bù yàn 厌：厌倦，指专心学习，从不厌倦。形容好学上进。语出《论语·述而》。

弄假成真		【弄假成真】nòng jiǎ chéng zhēn 原本是假意的，后来竟成了真事。据《三国演义》第五十四回：“却说孙权差人来柴桑郡报周瑜，说：‘我母亲力主，已将吾妹嫁刘备，不想弄假成真。此事还复如何？’”
难兄难弟		【难兄难弟】nàn xiōng nàn dì 据南朝·宋·刘义庆《世说新语·德行》记载：“陈元方子长文有英才，与季方子孝先，各论其父功德，争之不能决，咨于太丘（陈是）。太丘曰：‘元方难为兄，季方难为弟。’”原来是说，兄弟才德都很好，难分高下。后也指两人同样恶劣，或处于类似的困境。
千方百计	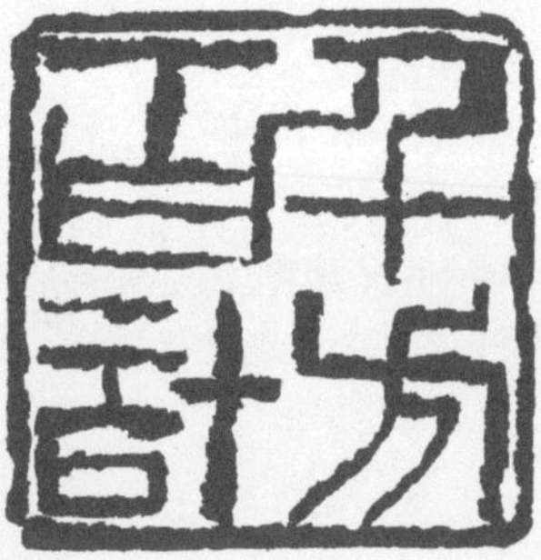	【千方百计】qiān fāng bǎi jì 方：方法。指想尽一切办法来达到目的。宋·朱熹《朱子语类》三五：“譬如捉贼相似，须是着起气力精神，千方百计去赶捉他。”
平起平坐		【平起平坐】píng qǐ píng zuò 平：同等的。比喻地位或权力相等。

娓娓动听		【娓娓动听】wěi wěi dòng tīng 娓娓：说话连续不倦的样子。形容善于说话，说起来很生动，特别招人爱听。
先声夺人		【先声夺人】xiān shēng duó rén 指打仗的时候，首先用强大的声势来挫伤敌人的士气。后来比喻做事抢先一步。语本《左传·昭公二十一年》：“军志有之，先人有夺人之心”。
无风不起浪		【无风不起浪】wú fēng bù qǐ làng 比喻凡是事物的产生都有原因的。
无官一身轻		【无官一身轻】wú guān yì shēn qīng 古时封建官僚退职以后自我安慰的话。也指卸去责任之后感到很轻松。宋·苏轼《贺子由生第四孙》诗：“无官一身轻，有子万事起。”

坐山观虎斗		【坐山观虎斗】zuò shān guān hǔ dòu 比喻对别人的相互斗争暂取旁观的态度，等到两败俱伤的时候，再从中取利。《史记·张仪列传》："（卞）庄子欲刺虎，馆竖子止之，曰：'两虎方且食牛，食甘必争，争则必斗，斗则大者伤、小者死；从伤而刺之，一举必有双虎之名。'卞庄子以为然，立须之有顷，两虎果斗，大者伤，小者死。庄子从伤者而刺之，一举果有双虎之功。"（须，等待。）
金玉其外，败絮其中		【金玉其外，败絮其中】jīn yù qí wài, bài xù qí zhōng 外表像金玉，内里却尽是破绵絮。比喻虚有其表及外表好而实质坏的人或事。明·刘基《诚意伯集·卖柑者言》："观其坐高堂，骑大马，醉醇醴而饫（yù）肥鲜者，孰不巍巍乎可畏，赫赫乎可象也；又何往而不金玉其外，败絮其中也哉！"（饫，饱食。）
鸣锣开道		【鸣锣开道】míng luó kāi dào 旧时封建官吏出行时前面仪仗队敲锣让行人回避以开出道路。现在比喻为某件事物的出现和发展制造舆论，创造条件，开辟道路。现多用于贬义。
兼听则明，偏信则暗		【兼听则明，偏信则暗】jiān tīng zé míng, piān xìn zé àn 明：指看事清楚；暗：昏暗，糊涂。听取多方面的意见就能了解事情的真实情况，单听信一方面的话，自己就糊涂，事情就弄不清楚。汉·王符《潜夫论·明暗》："君之所以明者，兼听也；其所以暗者，偏信也。"《资治通鉴》卷一百九十二："上问魏征曰：'人主何为而明，何为而暗？'对曰：'兼听则明，偏信则暗'。"

烟消云散		【烟消云散】yān xiāo yún sàn 像烟和云的消散那样。比喻事情消失得干干净净。
循循善诱		【循循善诱】xún xún shàn yòu 循循：有次序的样子；诱：引导。语出《论语·子罕》。后来泛用以表示善于有步骤地引导、教育。
燕雀安知鸿鹄之志		【燕雀安知鸿鹄之志】yàn què ān zhī hóng hú zhī zhì 安：哪里；鸿鹄：天鹅。燕子和麻雀哪里知道天鹅的志向。比喻庸俗的人不能了解英雄的远大志向。语出《史记·陈涉世家》。
迅雷不及掩耳		【迅雷不及掩耳】xùn léi bù jí yǎn ěr 突然响起的雷声使人来不及捂耳朵。比喻来势迅猛，使人来不及防备。《六韬·军势》：“疾雷不及掩耳，迅电不及瞑目。”

纵横驰骋		【纵横驰骋】zòng héng chí chěng 纵：南北方向；横：东西方向；驰骋：放开马快跑。形容往来奔驰，无任何阻挡。也指英勇战斗所向无敌。
解铃还须系铃人		【解铃还须系铃人】jiě líng hái xū jì líng rén 原本是佛教的一个比喻故事。瞿汝稷编《指月录》里说，法眼法师问："系在老虎脖子上的铃子，谁能解下来？"有人回答说："谁把铃子系上去的，谁就能解下来。"比喻谁弄出了问题还由谁去把它解决。
望子成龙		【望子成龙】wàng zǐ chéng lóng 望：盼望，希望，龙：古时传说中有一种能兴云作雨的神异动物，过去封建统治阶级曾把龙作为帝王的象征，后来引申为高贵、珍异的象征。父母希望孩子能成为出人头地的人物。
南征北战		【南征北战】nán zhēng běi zhàn 形容转战南北，经历了无数战役。唐·柳宗元《河东先生集·封建论》："历于宣王，挟中兴复古之德，雄南征北伐之威，卒不能定鲁侯之嗣。"

小巫见大巫		【小巫见大巫】xiǎo wū jiàn dà wū 巫：古时自称能用舞降神的人，即可求神来骗取钱财的人。据《三国志·吴志·张纮传》裴松之注引《吴书》的记载，小巫见到了大巫，就不能施展他的法术了。后比喻能力上下相差很大，不能相比。
掩耳盗铃		【掩耳盗铃】yǎn ěr dào líng 掩：捂；盗：偷。比喻蠢人自己欺骗自己。《吕氏春秋·自知》里说，有个人得到一口钟，想把它背走，但是钟太大，没法背，就想用锤子来砸碎它；刚一砸，钟就当当地响起来，他怕人家听到钟声来夺他的钟，就急忙捂住自己的耳朵，以为自己听不见，别人也不会听见。
偃旗息鼓		【偃旗息鼓】yǎn qí xī gǔ 偃：放倒。放倒战旗，停敲战鼓。《三国志·蜀志·赵云传》裴松之注引《赵云别传》说，赵云从曹操军队的包围中冲杀出来，回到自己的营寨，“更大开门，偃旗息鼓”，原指行军时隐蔽行动，军中肃静无声，毫无动静。后来比喻休战或无声无息地停止行动。
喧宾夺主		【喧宾夺主】xuān bīn duó zhǔ 喧：大声吵嚷。指客人的声音比主人的声音还要大。比喻客人占了主人的地位，或外来的、占了原有的，次要的事物占了主要的事物的地位。

歌功颂德		【歌功颂德】gē gōng sòng dé 歌、颂：颂扬。指颂扬功劳和德行。多用于贬义。
功败垂成		【功败垂成】gōng bài chuí chéng 垂：接近。事情将要成功的时候，却遭到了失败。也含有惋惜的意思。《晋书·谢玄传论》："庙算有遗，良图不果，降龄何促，功败垂成。"
既来之，则安之		【既来之，则安之】jì lái zhī ,zé ān zhī 既：已经；来之：使之来；安之：使之安。语出《论语·季氏》。原意是已经让他来了，就要让他安心。现在多用以表示既然来了，就要安下心来。
摩拳擦掌		【摩拳擦掌】mó quán cā zhǎng 形容战斗或劳动之前人们　神饱满斗志昂扬，跃跃欲试的样子。

兴利除弊		【兴利除弊】xīng lì chú bì 指兴办有利的事情，除去有害的事情。宋·王安石《答司马谏议书》：“举先王之政，以兴利除弊，不为生事。”
掩人耳目		【掩人耳目】yǎn rén ěr mù 掩：遮住；指遮掩他人的耳朵和眼睛。比喻以假象欺骗别人。
行百里者半九十		【行百里者半九十】xíng bǎi lǐ zhě bàn jiǔ shí 要想走一百里路，先把走了九十里只当走了一半。《战国策·秦策五》：“诗云：‘行百里者半于九十。’此言末路之难也。”比喻事情越是接近成功，越要集中精力，认真对付。常用勉励人做事要善始善终。
一不做，二不休		【一不做，二不休】yī bù zuò, èr bù xiū 据唐·赵元一《奉天录》记载，唐德宗时张光晟随着朱泚反叛，在朱泚快失败时，张杀了朱泚投降了征讨朱泚的李晟，但李晟还是把张光晟处了死刑。张在临死时说：“传语后人：第一莫作，第二莫休。”意思是要么不干，既然干了就索性干到底。

富贵不能淫		【富贵不能淫】fù guì bù néng yín 富：有钱；贵：旧时指有地位；淫：迷惑，诱使腐化随落。语出《孟子·滕文公下》。指不为金钱、地位所迷惑。
节衣缩食		【节衣缩食】jié yī suō shí 节：减省；缩：缩减。多指过日子尽力节约。
一掷千金		【一掷千金】yí zhì qiān jīn 掷：投，扔。原指赌博的时候一注投下千金。后形容任意挥霍。唐·吴象之《少年行》："一掷千金浑是胆，家无四壁不知贫。"
摩肩接踵		【摩肩接踵】mó jiān jiē zhǒng 踵：脚跟。肩挨肩，脚碰脚。形容人非常多，相互拥挤。

行之有效		【行之有效】xíng zhī yǒu xiào 行：执行；实行起来很有效验。多指已经实行过的方法、措施。
杳无音信		【杳无音信】yǎo wú yīn xìn 杳：幽暗，见不到踪影。形容一直得不到对方的信息和声音。宋·黄孝迈《咏水仙》词："惊鸿去后，轻抛素袜，杳无音信。"
休养生息		【休养生息】xiū yǎng shēng xī 生息：繁殖人口。指经过动乱之后所采取的减轻人民负担、恢复生产、安定社会秩序的措施。语出唐·韩愈《昌黎先生集·平淮西碑》："高宗中睿，休养生息。"
虚张声势		【虚张声势】xū zhāng shēng shì 张：铺张，夸大。假装摆出强大的声势，来吓唬对方。唐·韩愈《昌黎先生集·论淮西事宜状》："淄青、恒冀两道，与蔡州气类略同，今同讨伐元济，人情必有救助之意，然皆暗弱，自保无暇，虚张声势，则必有之。"

风马牛不相及		【风马牛不相及】fēng mǎ niú bù xiāng jí 风：牲畜雄雌相追逐，走失；及：到，碰头。本指齐楚两国距离很远，即使马、牛发情时相互追逐也不会跑到对方境内。《左传·僖公四年》：“君处北海，寡人处南海。唯是风马牛不相及也。”后比喻事物之间毫不相干。
将欲取之，必先与之		【将欲取之，必先与之】jiāng yù qǔ zhī, bì xiān yǔ zhī 将：要；欲：想，希望；与：给。要想占有它，必须先给予它。指先付出代价以诱惑对方放松警惕，然后找机会夺取。《战国策·魏策一》引《周书》：“将欲取之，必固与之。”
今朝有酒今朝醉		【今朝有酒今朝醉】jīn zhāo yǒu jiǔ jīn zhāo zuì 今朝：今天。今天有酒就抓紧时机喝醉了再说，而不管明天会怎样。比喻只顾眼前，不作长远打算。唐·罗隐《罗昭谏集·自遣》诗：“今朝有酒今朝醉，明日愁来明日愁。”
牛头不对马嘴		【牛头不对马嘴】niú tóu bú duì mǎ zuǐ 比喻事物两下不符合，或所问非所答。

咬文嚼字		【咬文嚼字】yǎo wén jiáo zì 形容过分地斟酌字句。《元曲选·无名氏<杀狗劝夫>四》："哎，使不的你咬文嚼字。"现在多用于讽刺死抠字句不领会文章实质的人。有时也用于讽刺当众讲话时爱卖弄自己学识的人。
眼明手快		【眼明手快】yǎn míng shǒu kuài 快：动作迅速。眼光锐利，动作敏捷。
栩栩如生		【栩栩如生】xǔ xǔ rú shēng 栩栩：活泼生动。多形容文学、艺术作品对人和其他生物的形象，表现得非常逼真，好像活的一样。
眼明心亮		【眼明心亮】yǎn míng xīn liàng 亮：清晰、明亮；形容看问题清楚，不受迷惑。

自出心裁		【自出心裁】zì chū xīn cái 心裁：出于自己的创造和裁断。自己总是要想出一种与众不同的新主意。指不抄袭、摸仿别人。清·袁枚《小仓山房尺牍·复家实堂》："去冬在杭州，见朱石君侍郎，蒙其推许云：古文有十弊，惟随园能扫而空之……谨守八家空套，不自出心裁，五弊也。"
周而复始		【周而复始】zhōu ér fù shǐ 周：环绕一圈；复始：重新开始。一圈又一圈地轮转。形容不断循环。《晋书·王鉴传》："赋敛搜夺，周而复始，卒散人流，相望于道。"也作"终而复始"。
种瓜得瓜，种豆得豆		【种瓜得瓜，种豆得豆】zhòng guā dé guā, zhòng dòu dé dòu 比喻造什么样的因，就得什么样的果。清·尹会一《吕语集粹·存养》："种豆，其苗必豆；种瓜，其苗必瓜。"
煮豆燃萁		【煮豆燃萁】zhǔ dòu rán qí 燃：烧；萁：豆秸。燃烧豆萁来煮豆子。多比喻兄弟姐妹之间骨肉相残。

叶公好龙		【叶公好龙】yè gōng hào lóng 汉·刘向《新序·杂事》里说，叶公很喜爱龙，家里到处都画着龙。天上的龙知道了，就来到他家，龙头从窗户向里看，龙尾伸在堂屋里。叶公一看就吓得面无人色，失魂落魄。后来就用这个故事比喻表面上爱好某事物，但并非真正的爱好它。
心手相应		【心手相应】xīn shǒu xiāng yìng 据《南史·萧子云传》记载："笔力劲骏，心手相应。"原指写字时手法熟练，随心所欲。后来形容技艺熟练得心应手。
心有余悸		【心有余悸】xīn yǒu yú jì 悸：心跳，害怕。虽然事情已经过去，但心里还感到恐惧害怕。
养精蓄锐		【养精蓄锐】yǎng jīng xù ruì 蓄：积蓄；锐：锐气。养足精神，积蓄更大的力量。

自食其力		【自食其力】zì shí qí lì 依靠自己的劳动来满足自己的生活。语出《太平经》："各自衣食其力。"
众人拾柴火焰高		【众人拾柴火焰高】zhòng rén shí chái huǒ yàn gāo 众：多；拾：捡。形容人多力量大。
重于泰山，轻于鸿毛		【重于泰山，轻于鸿毛】zhòng yú tài shān, qīng yú hóng máo 泰山：在现山东省；鸿毛：鸿雁的毛，比喻轻微，渺小。《文选·司马迁<报任少卿书>》："人固有一死，或重于泰山，或轻于鸿毛。"意思是人本来都有一死，有的死得比泰山还重，有的死得比鸿毛还轻。
自告奋勇		【自告奋勇】zì gào fèn yǒng 告：表示；勇：积极。形容自己积极主动地要求担当某项任务。

野心勃勃		【野心勃勃】yě xīn bó bó 野心：指攫取名利、地位等的欲望；勃勃：旺盛的样子。形容野心极大。
心如刀割		【心如刀割】xīn rú dāo gē 割：切，如切肉。心里痛苦得像割一样。
无可比拟		【无可比拟】wú kě bǐ nǐ 比拟：相比。没有什么可以相比的。
项庄舞剑，意在沛公		【项庄舞剑，意在沛公】xiàng zhuāng wǔ jiàn, yì zài pèi gōng 项庄：项羽部下的武将；沛公：刘邦。《史记·项羽本纪》记载，刘邦到鸿门去拜见项羽，项羽留他饮宴，范增让项庄以舞剑助兴为名，准备乘机杀死刘邦。刘邦的谋士张良对樊哙说："今者项庄拔剑舞，其意常在沛公也。"后比喻说话或行动的真实意图别有所指。

忠言逆耳		【忠言逆耳】zhōng yán nì ěr 逆耳，不顺耳，不中听。忠实的劝告听起来不好受。据《史记·留侯世家》说："且忠言逆耳利于行，良药苦口利于病，愿沛公听樊哙言！"
自给自足		【自给自足】zì jǐ zì zú 给：供应。依靠自己的生产，来满足自己的需要。
足智多谋		【足智多谋】zú zhì duō móu 足：多，足够。智谋很多。指料事和谋划事情方法很多。《元曲选·无名氏<连环计>一》："此人足智多谋，可与共事。"
自觉自愿		【自觉自愿】zì jué zì yuàn 觉：觉悟；愿：情愿。自己觉悟到应该那样做，自己情愿那样做。

下笔成章		【下笔成章】xià bǐ chéng zhāng 章：文章。一挥动笔，就写成文章。形容写文章一气呵成。《三国志·魏志·陈思王传》：“言出为论，下笔成章。”
稳坐钓鱼船		【稳坐钓鱼船】wěn zuò diào yú chuán 古时谚语：“任凭风浪起，稳坐钓鱼船。”比喻置身事外，不加闻问，或不管发生什么事情，仍旧照老样办事。现也形容不怕任何风浪。
闻风丧胆		【闻风丧胆】wén fēng sàng dǎn 风：风声，消息。丧胆：丧失勇气。指听到一些风声，就吓破了胆，也丧失了勇气。形容极端害怕。
卧榻之侧，岂容他人鼾睡		【卧榻之侧，岂容他人鼾睡】wò tà zhī cè, qǐ róng tā rén hān shuì 榻：床；侧：旁边；鼾睡：呼呼大睡。在自己睡觉的床铺旁边，怎么能容许别人呼呼大睡。比喻绝不许别人侵入自己的利益范围。宋·岳珂《桯（tīng）史·徐铉入聘》：“卧榻之侧岂容他人鼾睡耶！”

朝发夕至		【朝发夕至】zhāo fā xī zhì 早晨出发晚上就能到达。形容旅程迅速或交通方便。唐·韩愈《昌黎先生集·祭鳄鱼文》："以生以食，鳄鱼朝发而夕至也。"
仗义执言		【仗义执言】zhàng yì zhí yán 仗义：主持正义；执言：说公道话。为了正义不顾别人的言论来说公道话。
一言既出，驷马难追		【一言既出，驷马难追】yì yán jì chū, sì mǎ nán zhuī 驷：指古代一车所驾的四马或四匹马拉的车。一句话说出口，四匹马拉的车子也追不上。表示说出话来就要算数。宋·欧阳修《笔说》："俗云：'一言出口，驷马难追。'"
真金不怕火炼		【真金不怕火炼】zhēn jīn bú pà huǒ liàn 比喻革命意志坚强或正直无私的人能经得住任何考验。

熙熙攘攘		【熙熙攘攘】xī xī rǎng rǎng 熙熙：和乐的样子；攘攘：纷乱的样子。《史记·货殖列传》："天下熙熙，皆为利来；天下攘攘，皆为利往。"后用"熙熙攘攘"来形容人来人往，非常热闹。
为民请命		【为民请命】wèi mín qǐng mìng 请命：请求保全生命或解除痛苦。比喻反映百姓的呼声。《汉书·蒯通传》："西乡为百姓请命。"
文武之道，一张一弛		【文武之道，一张一弛】wén wǔ zhī dào, yī zhāng yī chí 文：指周文王；武：指周武王；张：拉开弓弦；弛：放松弓弦。比喻工作的紧松和生活的劳逸要适当调节，有节奏地进行。《礼记·杂记》："张而不弛，文武弗能也；弛而不张，文武弗为也。一张一弛，文武之道也。"
无敌于天下		【无敌于天下】wú dí yú tiān xià 天下无敌。形容力量无比强大，天下无人能比。语出《孟子·公孙丑上》。

责无旁贷		【责无旁贷】zé wú páng dài 责：责任；贷：推卸。是自己应尽的责任，决不能推卸给旁人。
掌上明珠		【掌上明珠】zhǎng shàng míng zhū 比喻珍贵。原指极钟爱的人。晋·傅玄《鹑觚集·短歌行》："昔君视我，如掌中珠，何意一朝，弃我沟渠。"后转指受父母疼爱的女儿。
与世无争		【与世无争】yǔ shì wú zhēng 与世上的人没有任何争夺。这也是一种消极的处世态度。
因势利导		【因势利导】yīn shì lì dǎo 因：顺着；势：趋势；利导：引导。指顺着事物发展的趋势、加以正确引导。《史记·孙子吴起列传》："善战者因其势而利导之。"

瓮中之鳖		【瓮中之鳖】wèng zhōng zhī biē 瓮：大坛子；鳖：甲鱼。大坛子里的甲鱼。比喻已在掌握之中，是逃不掉的。
勿谓言之不预也		【勿谓言之不预也】wù wèi yán zhī bù yù yě 勿：不要；谓：说；预：预先。不要说没有预先给你们说过。指早就有言在先了。
一传十，十传百		【一传十，十传百】yī chuán shí, shí chuán bǎi 原来形容疾病传染很快。宋·陶谷《清异录·丧葬义疾》："一传十，十传百，展转无穷，故号义疾。"后用于形容消息传播得很快。
无可奈何花落去		【无可奈何花落去】wú kě nài hé huā luò qù 花落去：指大好春光即将消逝。对于大好春光即将消逝感到无可奈何，想挽留也挽留不住。语出宋·晏殊《珠玉词·浣溪沙》。

有目共睹		【有目共睹】yǒu mù gòng dǔ 睹：看见。大家的眼睛都看见。形容所作所为极其明显。
众叛亲离		【众叛亲离】zhòng pàn qīn lí 叛：背叛；离：离开。群众和亲人都背离他。形容不得人心，陷于完全孤立的地位。语出《左传·隐公四年》。
真知灼见		【真知灼见】zhēn zhī zhuó jiàn 灼：明白。多指正确而深刻的认识和见解。清·江藩《汉学师承记·顾炎武》：“多骑墙之见，依违之言，岂真知灼见者哉！”
游刃有余		【游刃有余】yóu rèn yǒu yú 游刃：运转刀刃即用刀来操作；有余：有余地。语出《庄子·养生主》。比喻工作熟练，有实际经验，解决问题毫不费事。

无所畏惧		【无所畏惧】wú suǒ wèi jù 畏惧：害怕。没有什么可害怕的事物。
无事不登三宝殿		【无事不登三宝殿】wú shì bù dēng sān bǎo diàn 三宝殿：常指佛殿。比喻没事不上门。
无中生有	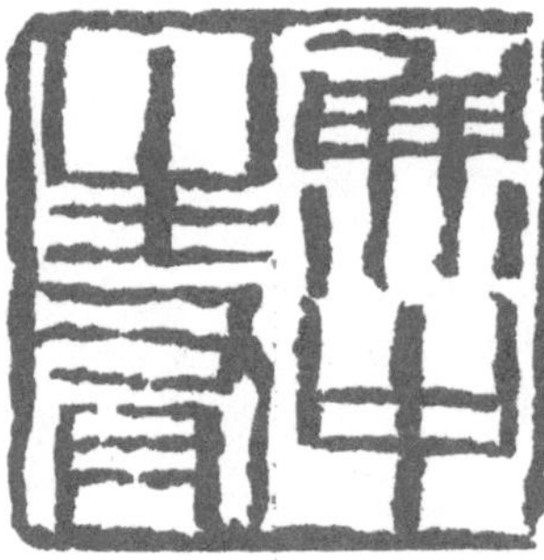	【无中生有】wú zhōng shēng yǒu 指没有的事物，形容凭空捏造。
无源之水，无本之木		【无源之水，无本之木】wú yuán zhī shuǐ, wú běn zhī mù 源：源头；本：草木的根。多指没有源头的水，没有根的树木。后比喻没有基础的事物。

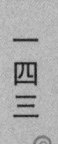

有备无患		【有备无患】yǒu bèi wú huàn 患：祸患，灾难。事先有准备就可以避免灾祸。《尚书·说命中》："惟事事，乃其有备，有备无患。"
永垂不朽		【永垂不朽】yǒng chuí bù xiǔ 永：长久；垂：传于后世。指光辉事迹或伟大的精神永远流传百世，不可磨灭。
御敌于国门之外		【御敌于国门之外】yù dí yú guó mén zhī wài 御：抵挡；国门：指城门，后指出入国境的通道。在国境或所控制区域之外抵挡住敌人。语出《孟子·万章下》"御人于国门之外"。
玉不琢，不成器		【玉不琢，不成器】yù bù zhuó, bù chéng qì 琢：雕。玉不加工，不成器皿。比喻不学习，就不能成材。语出《礼记·学记》。

义不容辞		【义不容辞】yì bù róng cí 容：允许；辞：推托。按道理上说是不允许推辞的。《三国演义》第五十八回：“张昭曰：‘可差人往鲁子敬处，教急发书到荆州，使玄德同力拒曹……且玄德既为东吴之婿，亦义不容辞。’”
言者谆谆，听者藐藐		【言者谆谆，听者藐藐】yán zhě zhūn zhūn, tīng zhě miǎo miǎo 谆谆：教诲不倦的样子；藐藐：疏远的样子。说的人不厌其烦，听的人不以为然。语本《诗经·大雅·抑》“诲尔谆谆，听我藐藐”。
迎头赶上		【迎头赶上】yíng tóu gǎn shàng 指加紧地追上并超过最前面的人和事。
隐恶扬善		【隐恶扬善】yǐn è yáng shàn 不说别人的坏处而只宣扬他的好处。《礼记·中庸》：“舜好问而好察迩言，隐恶而扬善。”

异想天开		【异想天开】yì xiǎng tiān kāi 异：奇特；天开：比喻凭空的、没有的事情。比喻想法离奇，难以实现。
一望无际		【一望无际】yí wàng wú jì 际：边际。指一眼望不到边。形容地域非常辽阔。
云开见日		【云开见日】yún kāi jiàn rì 指拨开云雾，看见太阳。比喻送走黑暗迎来光明。《后汉书·袁绍传》："旷若开云见日，何喜如之！"
勇冠三军		【勇冠三军】yǒng guàn sān jūn 冠：第一位；三军：指全军。勇猛过人，全军第一。《文选·李陵<答苏武书>》："陵先将军，功略盖天地，义勇冠三军。"

一着不慎，满盘皆输		【一着不慎，满盘皆输】yì zhāo bú shèn, mǎn pán jiē shū 指在下棋时关键性的一步走错，导致全局都输。比喻对全局有决定意义的问题，稍有不慎，处理不当，就会招致整个失败。
以身试法		【以身试法】yǐ shēn shì fǎ 身：身体、性命；试：尝试。指拿着性命去触犯刑法法律。指明知故犯。《汉书·王尊传》："明慎所职，毋以身试法。"
言者无罪，闻者足戒		【言者无罪，闻者足戒】yán zhě wú zuì, wén zhě zú jiè 言者：说话的人；闻者：听话的人；戒：警戒。语本《诗经大序》"言之者无罪，闻之者足以戒"。现指听取意见的人即使没有所批评的缺点错误，也足以引为鉴戒。
以卵投石		【以卵投石】yǐ luǎn tóu shí 卵：蛋；投：击。指拿蛋去碰石头。比喻自不量力，自取灭亡。《墨子·贵义》："以其言非吾言者，是犹以卵投石也，尽天下之卵，其石犹是也，不可毁也。"

云起龙骧		【云起龙骧】yún qǐ lóng xiāng 骧：也作“襄”，腾起。比喻英雄豪杰乘时而起。语《后汉书·叙传下》：“云起龙襄，化为侯王。”
远水不救近火		【远水不救近火】yuǎn shuǐ bù jiù jìn huǒ 指远处的水救不了近处的火。也比喻缓不济急。《韩非子·说林上》：“失火而取水于海，海水虽多，火必不灭矣，远水不救近火也。”
有过之而无不及		【有过之而无不及】yǒu guò zhī ér wú bù jí 过：超过；及：赶上，够得上。指比起某些人、某些事来，只有超过的地方，没有不及的地方。
英雄无用武之地		【英雄无用武之地】yīng xióng wú yòng wǔ zhī dì 比喻才能无可发挥或没有机会发挥。《资治通鉴·汉献帝建安十三年》：“今操（曹操）芟夷大难，略已平矣，遂破荆州，威震四海。英雄无用武之地，故豫州（指刘备）遁逃至此。”

上不着天，下不着地		【上不着天，下不着地】shàng bù zháo tiān, xià bù zháo dì 形容两头没有着落。语本《韩非子·解老》“上不属天，下不著地”现比喻办事没头没尾，在半空中悬着。
守株待兔		【守株待兔】shǒu zhū dài tù 株：露在地面上的树桩子。《韩非子·五蠹》里说，宋国有个农夫看见一只兔子撞在树桩上死了，他就放下锄头在树桩旁等着，希望再得到撞死的兔子。后来用“守株待兔”比喻死守狭隘经验或妄想不经过客观努力而侥幸得到成功。
盛名之下，其实难副	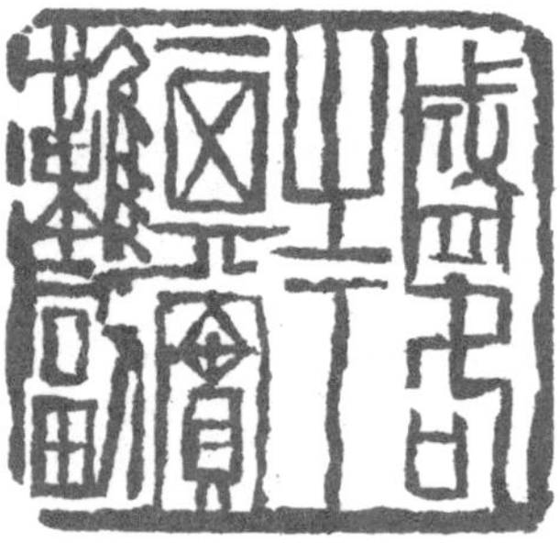	【盛名之下，其实难副】shèng míng zhī xià, qí shí nán fù 盛：盛大；副：符合，相称。声名极大的人，实际很难跟他的声名完全符合。现经常用来提醒人们要有自知之明，经常想到自己的弱点、缺点和错误。
十年树木，百年树人		【十年树木，百年树人】shí nián shù mù, bǎi nián shù rén 树：培植；木：树木。《管子·权修》：“一年之计，莫如树谷；十年之计，莫如树木；终身之计，莫如树人。”后来就用“十年树木，百年树人”比喻培养人材是长久之计。

气吞山河		【气吞山河】qì tūn shān hé 气：气势；吞：吃下。气势可以吞掉高山和大河。形容气魄很大。
蚍蜉撼树		【蚍蜉撼树】pí fú hàn shù 蚍蜉：蚂蚁；撼：摇动。蚂蚁想摇动大树。比喻力量很小而却妄想动摇强大的事物，不自量力。唐·韩愈《昌黎先生集·调张籍》诗："蚍蜉撼大树，可笑不自量。"
起死回生		【起死回生】qǐ sǐ huí shēng 指把将要死的人医活。多形容医术高明。也形容挽救了看来根本没有希望的事情。明·李开先《林冲宝剑记》第二十八出："吃紧的不识病名，休再提起死回生。"
攀龙附凤		【攀龙附凤】pān lóng fù fèng 攀：双手抓物向上爬；附：依附；龙、凤：比喻有权势的人。比喻巴结或投靠有权势的人，从而谋取个人名利。汉·扬雄《法言·渊骞》："攀龙鳞，附凤翼。"

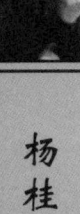

嘤其鸣矣，求其友声		【嘤其鸣矣，求其友声】yīng qí míng yǐ, qiú qí yǒu shēng 嘤：鸟叫的声音；鸣：鸟叫。鸟儿在嘤嘤地叫唤，这是它在寻求朋友的声音。比喻需要意气、志趣相同的朋友。《诗经·小雅·伐木》："嘤其鸣矣，求其友声。"
雍容大雅		【雍容大雅】yōng róng dà yǎ 雍容：温和大方、从容不迫的样子；大雅：有威仪的样子。形容人仪态高雅大方。
以其昏昏，使人昭昭		【以其昏昏，使人昭昭】yǐ qí hūn hūn, shǐ rén zhāo zhāo 以：用；其：他的；昏昏：暗，模糊，糊涂；昭昭：明，明白。用他的那些模模糊糊的理解去使别人明白。现指自己糊里糊涂，却要去指挥那些已经懂得这些事情的人。语出《孟子·尽心下》。
以攻为守		【以攻为守】yǐ gōng wéi shǒu 拿进攻作防御。指用主动进攻以防止对方来侵犯的战略或策略。

应有尽有		【应用尽有】yīng yǒu jìn yǒu 指应该有的都有了。形容很齐全。《宋书·江智渊传》："怀文每称之曰：'人所应有尽有，人所应无尽无者，其江智渊乎！'"
愚者千虑，心有一得		【愚者千虑，心有一得】yú zhě qiān lǜ, xīn yǒu yī dé 笨人多次考虑总有一点收获。语出《史记·淮阴侯列传》。
在所不辞		【在所不辞】zài suǒ bù cí 在：系于，居于；所不辞：不推辞的事情。应该我做的事情决不推辞。
诱敌深入		【诱敌深入】yòu dí shēn rù 诱：引。引诱敌人深深地进入我方所设计好的区域，使他处于孤立不易逃跑的不利地位。

一叶障目，不见泰山		【一叶障目，不见泰山】yí yè zhàng mù, bù jiàn tài shān 障：遮；泰山：今山东省境内，古时认为是全国最高大的山。比喻被眼下细小事物所蒙蔽，因而看不到事物的全貌、主流及本质。《鹖冠子·天则》："夫耳之主听，目之主明，一叶蔽目，不见泰山；两耳塞豆，不闻雷霆。"
延年益寿		【延年益寿】yán nián yì shòu 延：延长；益：增加。指延长寿命，增加岁数。《文选·宋玉<高唐赋>》："延年益寿千万岁。"
异曲同工		【异曲同工】yì qǔ tóng gōng 工：细致，巧妙；异：不同的；曲：乐曲。指曲调虽然不同，却都同样的美妙。比喻所做的事情虽然不同，成绩却一样好。唐·韩愈《昌黎先生集·进学解》："子云相如，同工异曲。"
仪态万方		【仪态万方】yí tài wàn fāng 仪态：容貌，姿态；万方：这里指多种样式。形容容貌姿态样样都美。《玉台新咏·张衡<同声歌>》："素女为我师，仪态盈万方。

月晕而风，础润而雨		【月晕而风，础润而雨】yuè yùn ér fēng, chǔ rùn ér yǔ 晕：指太阳或月亮周围出现的光环；础：柱子底下的石墩；润：湿润。月亮周围出现光环就要刮风了，础石湿润了就要下雨。语见宋·苏洵《辨奸论》。比喻事故或事件发生前的征兆。
有志不在年高		【有志不在年高】yǒu zhì bú zài nián gāo 年高：岁数大。有志的人并不在乎年纪大。常指人贵在有志，不能仅凭年龄来衡量。
疑心生暗鬼		【疑心生暗鬼】yí xīn shēng àn guǐ 疑：猜疑，形容无中生有地乱猜疑。语见宋·吕本中《师友杂志》："潘子文师事伊川先生，闻人说鬼怪，以为必无此理，以为疑心生暗鬼，最是切要议论。"
依样画葫芦		【依样画葫芦】yī yàng huà hú lu 依样：模仿。比喻照着模仿，缺乏创造。宋·魏泰《东轩笔录》卷一记载，陶谷指使他所亲近的那些人在宋太祖面前推荐他，太祖笑着说："颇闻翰林草制，皆检前人旧本，改换词语，此乃俗所谓依样画葫芦耳。"

衣锦还乡		【衣锦还乡】yì jǐn huán xiāng 衣：穿衣；锦：彩色绸缎。穿着华丽的衣服回家乡。旧指富贵以后回到家乡，向亲友夸耀。语见《南史·柳庆远传》："为雍州刺史，帝饯于新亭，谓曰：'卿衣锦还乡，朕无西顾之忧矣。'"
忆苦思甜		【忆苦思甜】yì kǔ sī tián 回忆过去的痛苦，想到现在的幸福生活的来之不易。
兴师动众		【兴师动众】xīng shī dòng zhòng 兴：起，发动；众：军队，大队人马。原指出兵。吴起《吴子·励士》："夫发号布令，而人乐闻；兴师动众，而人乐战；交兵接刃，而人乐死。"现在形容为了某件事情发动了很多人。
言归于好		【言归于好】yán guī yú hǎo 言：文言中用于句首的虚词，没有实际意义。彼此重又相互和好。《左传·僖公九年》："凡我同盟之人，既盟之后，言归于好。"

有则改之，无则加勉	 (秦篆体)	【有则改之，无则加勉】yǒu zé gǎi zhī,wú zé jā miǎn 加：加以；勉：勉励。语出宋·朱熹《朱子全书·论语》。有缺点错误就改，没有缺点错误就用以勉励自己。
运用自如		【运用自如】yùn yòng zì rú 运用得非常熟练、自然、流畅。
置之死地而后生		【置之死地而后生】zhì zhī sǐ dì ér hòu shēng 原指作战时把军队放在不决战就会死的境地，然后兵士才能奋勇向前，杀敌取胜。后比喻事先断绝退路，就能下决心，取得成功。《孙子·九地》："投之亡地然后存，陷之死地然后生。"
欲速则不达		【欲速则不达】yù sù zé bù dá 速：快；则：就；达：到。片面地急于图快超过了客观规律，反而却达不到目的。语出《论语·子路》。

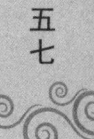

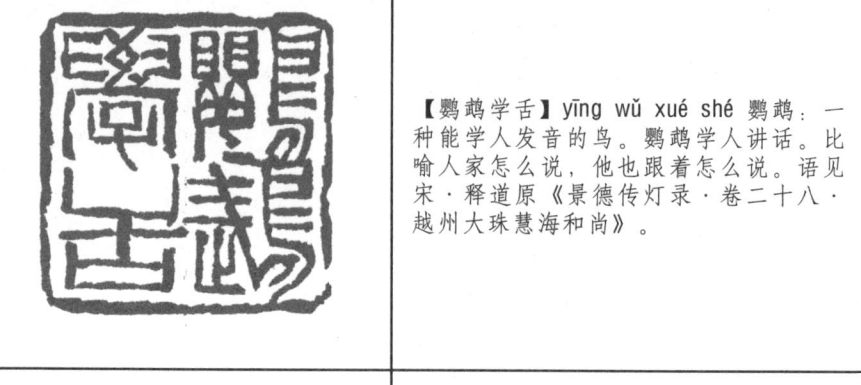

鹦鹉学舌		【鹦鹉学舌】yīng wǔ xué shé 鹦鹉：一种能学人发音的鸟。鹦鹉学人讲话。比喻人家怎么说，他也跟着怎么说。语见宋·释道原《景德传灯录·卷二十八·越州大珠慧海和尚》。
以子之矛，攻子之盾		【以子之矛，攻子之盾】yǐ zǐ zhī máo, gōng zǐ zhī dùn 矛：旧时的枪；盾：能够抵挡住矛刺伤的东西。比喻用对方的论据来反驳对方。
因材施教		【因材施教】yīn cái shī jiào 因：随，顺，依照；施：实行，施加。依照不同对象的具体情况，采取不同的方法，施行不同的教育。
英雄所见略同		【英雄所见略同】yīng xióng suǒ jiàn lüè tóng 所见：所看到的，指见解；略：大略，大致。指英雄人物的见解大致相同。这是对意见相同的双方表示赞美的话。

智者千虑，必有一失		【智者千虑，必有一失】zhì zhě qiān lǜ, bì yǒu yì shī 智者：聪明人；虑：思考，谋划；失：错误。聪明人在许多次考虑中，总有一次也会想错的。《史记·淮阴侯列传》："广武君曰：臣闻智者千虑，必有一失；愚者千虑，必有一得。"
有所不为而后可以有为		【有所不为而后可以有为】yǒu suǒ bù wéi ér hòu kě yǐ yǒu wéi 为：做。指有不做的事情，然后才能有做的事情。意思是不能什么事情都做，而要在许多事情中首先要选择重要的去做。《孟子·离娄下》："人有不为也，而后可以有为。"
震耳欲聋		【震耳欲聋】zhèn ěr yù lóng 震：响动、声音。形容声音非常之大，快要把耳朵都给震聋了。
欲加之罪，何患无辞		【欲加之罪，何患无辞】yù jiā zhī zuì, hé huàn wú cí 欲：要；之：他；患：忧虑，担心；辞：言辞，这里指借口。语出《左传·僖公十年》。要想加罪于人，不愁找不到罪名。指随心所欲地诬陷别人。

休戚相关		【休戚相关】xiū qī xiāng guān 休：喜；戚：忧愁，悲伤，不幸。彼此之间的忧喜、祸福都互相关联。形容彼此之间的利害一致。语出《元曲选·石君宝<曲江池>四》。
妍皮不裹媸骨		【妍皮不裹媸骨】yán pí bù guǒ chī gǔ 妍：美好；媸：丑恶。意即美丽的皮肤包的不是丑骨头。比喻表里一致，秀外慧中。也作“妍皮不裹痴骨”。
以观后效		【以观后效】yǐ guān hòu xiào 后效：以后的效果。指在宽恕或饶恕他以后再观察他犯法或犯错误是否有改正的表现。《后汉书·安帝纪》：“设张法禁，恳恻分明，有司惰任，讫不奉行。秋节既立，鸷鸟将用，且复重申，以观后效。”
言归正传		【言归正传】yán guī zhèng zhuàn 旧时小说、话本里常用的套语。意思是把话头拉回到正题上来。

崭露头角		【崭露头角】zhǎn lòu tóu jiǎo 崭：突出的样子。比喻突出地显示出才能和本领。语见唐·韩愈《昌黎先生集·柳子厚墓志铭》："虽少年，已自成人，能取进士第，崭然露头角。"
阴谋诡计		【阴谋诡计】yīn móu guǐ jì 阴谋：暗中干坏事的计谋；诡计：指阴险狡诈的计策。比喻在背地里策划干坏事。
有始有终		【有始有终】yǒu shǐ yǒu zhōng 始：开头；终：结尾。指有开头也有结尾。比喻作事认真，能坚持到底。语出《论语·子张》。
只见树木，不见森林		【只见树木，不见森林】zhǐ jiàn shù mù ,bú jiàn sēn lín 比喻只看到局部，却看不到全部。

凶相毕露		【凶相毕露】xiōng xiàng bì lù 毕：完全。露：凸出来的。指凶恶的相貌完全显露了出来。
兴致勃勃		【兴致勃勃】xìng zhì bó bó 勃勃：兴盛的样子。形容对某件事的热衷，兴头儿很高。
循序渐进		【循序渐进】xún xù jiàn jìn 循：依照，沿着。指依照次序逐步地往前进。语出《论语·宪问》朱熹注。
言之无文，行而不远		【言之无文，行而不远】yán zhī wú wén, xíng ér bù yuǎn 言：指言辞；文：指文采；行：流传，流行。形容言辞文章若没有文采，也就流传不会很远。语出《左传·襄公二十五年》。

惴惴不安		【惴惴不安】zhuì zhuì bù ān 惴惴：恐惧、担忧的样子。形容因为害怕或担心而不安定的样子。宋·周孚《铅刀编·滁州奠枕楼记》："乾道八年春，济南辛侯（辛弃疾）自司农寺簿来守滁……民之居茅竹相比，每大风作，惴惴然不自安。"
只许州官放火，不许百姓点灯		【只许州官放火，不许百姓点灯】zhǐ xǔ zhōu guān fàng huǒ, bù xǔ bǎi xìng diǎn dēng 州官：古时一州的长官。宋·陆游《老学庵笔记》卷五记载，田登做州官时，不许人提到他的名字，因为"登"同"灯"同音，全州的人就都把灯叫做火；到元宵节放灯时，出告示说："本州依例放火三日。"此语比喻统治者可以任意做坏事，而百姓的正当言行却受到种种限制。
至高无尚		【至高无尚】zhì gāo wú shàng 至：最，极。指再也没有比它更高的了。《淮南子·缪称训》："道至高无上，至深无下。"
珠联璧合		【珠联璧合】zhū lián bì hé 珠：珍珠。璧：美玉。指珍珠联成串和美玉放在一起。《汉书·律历志上》："日月如合璧，五星如连珠。"比喻人才或美好的事物都聚集在一起。

五十步笑百步		【五十步笑百步】wǔ shí bù xiào bǎi bù 指作战时逃跑了五十步的人讥笑那些逃跑了一百步的人。《孟子·梁惠王上》："填然鼓之，兵刃既接，弃甲曳兵而走，或百步而后止，或五十步而后止，以五十步笑百步，则何如？"后比喻自己和别人的缺点或错误的性质相同，只有情节或轻重的区别，却毫无自知之明地去讥笑别人。
一夫当关，万人莫开		【一夫当关，万人莫开】yì fū dāng guān, wàn rén mó kāi 指一个人把着关，一万个人也攻不开。形容地势险要，便于防守。《文选·左思<蜀都赋>》："一人守隘，万夫莫向。"
蔚然成风		【蔚然成风】wèi rán chéng fēng 蔚然：草木茂盛的样子，引申为荟萃，聚集。形容一件事情逐渐发展盛行，形成一种良好的风尚。
为渊驱鱼，为丛驱雀		【为渊驱鱼，为丛驱雀】wèi yuān qū yú, wèi cóng qū què 渊：回旋的深水；丛：茂密的树林；驱：赶。把鱼赶到深潭里，把鸟雀赶到密林里。原比喻统治者施行暴政，结果使自己的百姓投向别国。语出《孟子·离娄上》。现在有时比喻某些人实行关门主义，把一些可以争取的人却赶到敌对方去了。

争先恐后		【争先恐后】zhēng xiān kǒng hòu 形容热情很高，争着向前，唯恐落后。
只可意会，不可言传		【只可意会，不可言传】zhǐ kě yì huì, bù kě yán chuán 只能用心去揣摩体会，无法用言语具体地表达出来。清·刘大櫆《刘海峰文集·论文偶记》："凡行文多寡短长，抑扬高下，无一定之律，而有一定之妙，可以意会，而不可以言传。"
引人注目		【引人注目】yǐn rén zhù mù 注目：注视。引起别人注意。
鹬蚌相争，渔翁得利		【鹬蚌相争，渔翁得利】yù bàng xiāng zhēng, yú wēng dé lì 鹬：一种长嘴的水鸟。鹬和蚌互相争持，老渔翁正好把它们一起捉了。比喻双方相持不下，结果两败俱伤，让第三者得利。语出《战国策·燕策二》。

万死不辞		【万死不辞】wàn sǐ bù cí 指死一万次也不会推辞。表示愿意效劳的决心。《三国演义》第八回："貂蝉曰：'适回贱妾曾言，但有使令，万死不辞。'"
威武不屈		【威武不屈】wēi wǔ bù qū 屈：屈服。语本《孟子·滕文公下》"威武不能屈"。意思是在强暴的压力下，不能使之屈服。
痛定思痛		【痛定思痛】tòng dìng sī tòng 经过痛苦以后，再回想当时的痛苦，以吸取教训，警惕未来。宋·文天祥《指南录后序》："痛定思痛，痛何如哉！"
万寿无疆		【万寿无疆】wàn shòu wú jiāng 万寿：万年长寿；疆：界限。意思是永远生存（祝寿的话）。《诗经·小雅·天保》："君曰卜尔，万寿无疆。"

仁者见仁，智者见智		【仁者见仁，智者见智】rén zhě jiàn rén, zhì zhě jiàn zhì 据《周易·系辞上》记载："仁者见之谓之仁，智者见之谓之智。"意思是说对同一个问题，仁者看见它说它是仁，智者看见它说它是智。比喻不同的人有着不同的看法。
庆父不死，鲁难未已		【庆父不死，鲁难未已】qìng fù bù sǐ, lǔ nàn wèi yǐ 庆父：春秋时鲁庄公的弟弟；未已：没个完。语本《左传·闵公元年》"不去庆父，鲁难未已"。意思是不消除庆父，鲁国的灾难就没个完。后来用"庆父不死，鲁难未已"比喻不把制造内乱的罪魁祸首清除，国家就不得安宁。
强将手下无弱兵		【强将手下无弱兵】qiáng jiàng shǒu xià wú ruò bīng 通常比喻好的领导者能带出一支骁勇善战的队伍来。宋·苏轼《题连公壁》："俗语云：强将下无弱兵。真可信。"
全国一盘棋		【全国一盘棋】quán guó yì pán qí 比喻全国各地、各部门在中央统一领导下，全面安排，合理布局，互相协作，顾全大局。

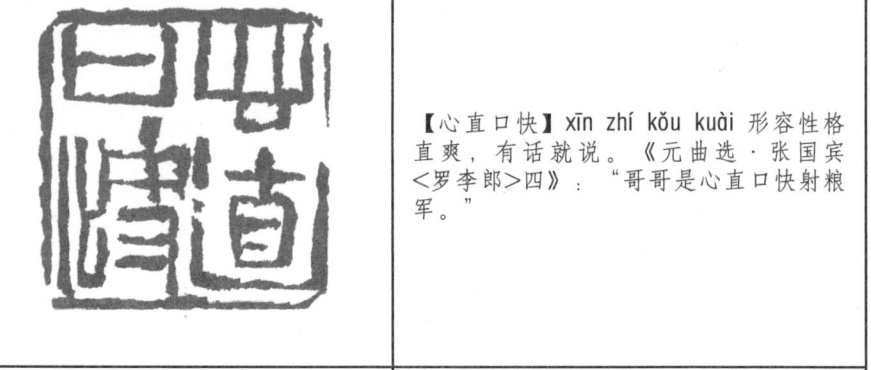

心直口快		【心直口快】xīn zhí kǒu kuài 形容性格直爽，有话就说。《元曲选·张国宾<罗李郎>四》：“哥哥是心直口快射粮军。”
遐迩闻名		【遐迩闻名】xiá ěr wén míng 遐：远；迩：近。形容名声很大，远近都知道。
习惯成自然		【习惯成自然】xí guàn chéng zì rán 习惯了以后就变成很自然的事情了。《汉书·贾谊传》：“少成若天性，习惯成自然。”
相形见绌		【相形见绌】xiāng xíng jiàn chù 相形：互相比较；绌：不足。在互相比较之下，就显示出一方的不足之处。

掷地作金石声		【掷地作金石声】zhì dì zuò jīn shí shēng 掷：投，扔；金石：钟磬之类的乐器，声音清脆优美。扔在地上会发出钟磬般的声音。比喻文辞优美，声调铿锵。语出《晋书·孙绰传》。
自以为得计		【自以为得计】zì yǐ wéi dé jì 得计：谋算得逞。指自认为所谋算的事情得逞了。多用于讽刺。唐·韩愈《昌黎先生集·柳子厚墓志铭》：“一旦临小利害，仅如毛发比，反眼若不相识，落陷阱不一引手救，反挤之，又下石焉者，皆是也。此宜禽兽夷狄所不忍为，而其人自视以为得计，闻子厚之风，亦可以少愧矣。”
醉翁之意不在酒		【醉翁之意不在酒】zuì wēng zhī yì bú zài jiǔ 比喻本意并不在此而在别的方面，也比喻别有用心。宋·欧阳修《欧阳文忠集·醉翁亭记》：“醉翁之意不酒，在乎山水之间也。”
自始自终		【自始至终】zì shǐ zhì zhōng 从开始到末了。表示一贯到底的意思。

登峰造极		【登峰造极】dēng fēng zào jí 峰：山顶；造：到达；极：最高点。比喻成就或事业已经达到最高的境地。南朝·宋·刘义庆《世说新语·文学》："简文云：'不知便可登峰造极不？'"
争分夺秒		【争分夺秒】zhēng fēn duó miǎo 形容对时间抓得非常非常紧，不会放过每一分每一秒。
丰衣足食		【丰衣足食】fēng yī zú shí 足：够。指吃的穿的都很富足。五代·王定保《唐摭言·卷十五·贤仆夫》："丰衣足食，所往无不克。"
改过自新		【改过自新】gǎi guò zì xīn 自新：自己重新做人。改正过去的错误，重新开始做人。《史记·吴王濞列传》："（吴王）诈称病不朝，于古法当诛，文帝弗忍，因赐几杖，德至厚，当改过自新。"

抵掌而谈		【抵掌而谈】dǐ zhǎng ér tán 抵掌：击掌，鼓掌。形容毫无拘束地畅所欲言。《战国策·秦策一》："见说赵王于华屋之下，抵掌而谈。"
摧枯拉朽		【摧枯拉朽】cuī kū lā xiǔ 枯：干枯的树；朽：朽烂的树林。比喻敌人或事物很容易被摧毁。《晋书·甘卓传》："将军之举武昌，若摧枯拉朽。"
得胜回朝		【得胜回朝】dé shèng huí cháo 朝：朝廷，古代帝王听政的地方。指在外作战取得胜利之后回到京城向皇帝报功。
繁荣昌盛		【繁荣昌盛】fán róng chāng shèng 形容各行各业兴旺发达，生气勃勃的景象。

一人传虚，万人传实		【一人传虚，万人传实】yī rén chuán xū,wàn rén chuán shí 虚：没有的事情。一人传出没有根据的事，众多的人就当做实有的事传开了。指本无其事，因传播的人多，就使人信以为真。语出宋·释道原《景德传灯录·卷二十一·东禅契纳禅师》。
天下无双		【天下无双】tiān xià wú shuāng 指天下再没有第二个。形容出类拔萃，独一无二。《史记·信陵君列传》：“始吾闻夫人弟公子天下无双。”
为虺弗摧，为蛇若何		【为虺弗摧，为蛇若何】wéi huǐ fú cuī, wéi shé ruò hé 虺：小蛇；摧：毁灭；若何：奈何，怎么办。小蛇不打死，成了大蛇该怎么办？《国语·吴语》：“吴王将许越成，申胥谏曰：‘为虺弗摧，为蛇将若何？’”原比喻要趁敌人弱小时，就把它消灭。后指坏人要及早地除掉。
枉费心机		【枉费心机】wǎng fèi xīn jī 枉：白白地，徒然。指白白地耗费心思。

人非圣贤，孰能无过		【人非圣贤，孰能无过】rén fēi shèng xián, shú néng wú guò 圣贤：圣人和贤人，旧指智慧超群、才能出众的人；孰：谁。语见清·汤斌《汤子遗书》卷一。意思是一般人不是圣人和贤人，谁能没有过失呢？
穷则思变		【穷则思变】qióng zé sī biàn 穷：贫乏，困苦。指事物到了尽头，就要设法改变，一改变就通达了。现指人们在穷困、艰难面前，敢于进取，勇于创新。
前怕狼，后怕虎		【前怕狼，后怕虎】qián pà láng, hòu pà hǔ 指瞻前顾后，胆子很小。比喻顾虑重重，畏缩不前。
情不自禁		【情不自禁】qíng bù zì jīn 禁：抑制。指感情激动，控制不住自己。形容不由自主地展现情感。

如释重负		【如释重负】rú shì zhòng fù 释：放下；负：负担。像放下沉重的负担那样感到轻松。形容紧张心情过去以后的轻松愉快。《谷梁传·昭公二十九年》："昭公出奔，民如释重负。"
戎马倥偬		【戎马倥偬】róng mǎ kǒng zǒng 戎马：指军事；倥偬：繁忙。形容军务特别繁忙。
赏罚分明		【赏罚分明】shǎng fá fēn míng 该赏的赏，该罚的罚，绝不姑息。《汉书·张敞传》："敞为人敏疾，赏罚分明。"也作"赏罚严明"。
如胶似漆		【如胶似漆】rú jiāo sì qī 像胶和漆一样黏固。形容极其亲密也形容夫妻感情深厚。清·翟灏《通俗编》引《韩诗外传》："实之与实，如胶如漆。"

麻木不仁		【麻木不仁】má mù bù rén 不仁：没有感觉。多指肢体麻木，没有感觉。比喻思想不敏锐，反应很迟钝。
能屈能伸		【能屈能伸】néng qū néng shēn 能弯曲也能伸直。常指在失意或受到挫折时能暂时忍耐，以便得意时能大干一番。
民不畏死，奈何以死惧之		【民不畏死，奈何以死惧之】mín bù wèi sǐ, nài hé yǐ sǐ jù zhī 畏：惧怕；奈何：为什么。人民是不怕死的，为什么要用死来威吓他们呢？语出《老子》七十四章。现多用以表示仁人志士的大无畏气慨。
莫名其妙		【莫名其妙】mò míng qí miào 莫：没有谁；名：说出。没人谁能说出这其中的奥妙。多形容事情很奇怪，使人不明白，说不出道理来。

发愤图强		【发愤图强】fā fèn tú qiáng 发愤：下定决心努力；图：谋求。形容下定决心，努力谋求强盛。
道高一尺，魔高一丈		【道高一尺，魔高一丈】dào gāo yī chǐ, mó gāo yī zhàng 道：指佛家修行达到的一定阶段；魔：指所谓破坏善行的恶鬼，有时也指烦恼、疑惑、迷恋等妨碍修行的心理活动。过去比喻取得一定的成就后往往面临更大的困难。现也比喻某种势力胜过与之敌对的势力。
功到自然成		【功到自然成】gōng dào zì rán chéng 有了足够的功夫，事情自然就会取得成功。多用于勉励人们认真踏实地去干，不要急于求成。
前赴后继		【前赴后继】qián fù hòu jì 赴：投入，参加。前面的冲上去了，后面的又紧跟着上来。形容不断投入战斗，奋勇冲杀向前。

奋不顾身		【奋不顾身】fèn bù gù shēn 指奋勇向前，完全不顾个人的安危。汉·司马迁《报任少卿书》："常思奋不顾身，以殉国家之急。"
敢怒而不敢言		【敢怒而不敢言】gǎn nù ér bù gǎn yán 言：说。心里愤怒而嘴上都不敢说。语本唐·杜牧《樊川文集·阿房宫赋》"不敢言而敢怒"。
繁文缛节		【繁文缛节】fán wén rù jié 文：仪式，规定；缛：烦琐、繁重；节：礼节。指无意义的仪式或礼节。也比喻烦琐多余的事情。
兴高采烈		【兴高采烈】xìng gāo cǎi liè 采：神态。形容人的兴致高，情绪饱满。也形容呈现出的欢乐气氛。

风餐露宿		【风餐露宿】fēng cān lù sù 风餐：在风里吃饭；露宿：在露天睡觉。形容旅途或野外生活的艰苦。宋·苏轼《游山呈通利判承仪写寄参寥师》诗："遇胜即倘佯，风餐兼露宿。"
推心置腹		【推心置腹】tuī xīn zhì fù 指心与心交流，比喻诚心诚意地待人。语本《后汉书·光武帝纪上》"推赤心置人腹中"。
浮想联翩		【浮想联翩】fú xiǎng lián piān 浮想：飘浮不定的想象；联翩：鸟飞的样子，比喻连续不断。指许多的想象不断涌现出来。
水滴石穿		【水滴石穿】shuǐ dī shí chuān 水不停地滴下来，就能把石头滴穿。比喻只要坚持不懈，力量虽小也能使很难办到的事情办到。宋·罗大经《鹤林玉露》："张乖为崇阳令，一吏自库中出，巾下有一钱。乖崖援笔判曰：'一日一钱，千日千钱，绳锯木断，水滴石穿。'"

满腹经纶		【满腹经纶】mǎn fù jīng lún 腹：肚子；经纶：是把丝理出来又合起来，引申为人的学问和才能。形容人极有才干和智谋。
冒天下之大不韪		【冒天下之大不韪】mào tiān xià zhī dà bù wéi 冒：冒犯；不韪，不是，错误。犯了天下最大的错误。清·顾炎武《日知录·卷十三·正始》："自正始以来，而大义之不明，遍于天下。如山涛者，既为邪说之魁，遂使稽绍之贤，且犯天下之不韪，而不顾夫邪正之说不容两立。"现在多指公然不顾世人的反对而干坏事。
鹿死不择音		【鹿死不择音】lù sǐ bù zé yīn 音：古代借用为"阴"字，指荫蔽的地方。鹿死的时候不选择庇荫的地方。比喻在急迫的情况下，无法慎重考虑行动是否适当。语出《左传·文公十七年》。
炉火纯青		【炉火纯青】lú huǒ chún qīng 纯青：炉火的温度达到最高点，火焰从红色转成青色。本指道家炼丹成功时的火候。后比喻科技或学问达到成熟、完美的境界。

一波未平，一波又起		【一波未平，一波又起】yì bō wèi píng, yì bō yòu qǐ 一个浪头还没平息，另一个浪头又起来了。宋·姜夔《白石道人诗说》："波澜开阖，如在江湖中，一波未平，一波已作。"原比喻诗文写得波澜起伏。也比喻一个麻烦问题没解决，又出现新的麻烦问题。
先下手为强		【先下手为强】xiān xià shǒu wéi qiáng 在对方没有准备好之前，首先占取优势。《古今杂剧·关汉卿<关大王独赴单刀会>》："我想来先下手的为强。"
熙来攘往		【熙来攘往】xī lái rǎng wǎng 熙熙而来，攘攘而往。形容人来人往、非常热闹的景象。
耀武扬威		【耀武扬威】yào wǔ yáng wēi 炫耀武力，显示威风。《元曲选·无名氏<谢金吾>三》："他也会斩将搴旗，耀武扬威，普天下哪一个不识的他是杨无敌。"

针锋相对		【针锋相对】zhēn fēng xiāng duì 针锋：针尖。针尖对针尖。比喻在争辩或争斗中，针对对方的论点或行动进行回击。宋·释道原《景德传灯录·卷二十五·天台山德韶国师》："夫一切问答，如针锋相投。无纤毫参差。"
朝不保夕		【朝不保夕】zhāo bù bǎo xī 朝：早晨；夕：傍晚。指早晨保不住晚上会发生什么情况。形容形势危急，说不定什么时候就会发生变化。
疑行无成，疑事无功		【疑行无成，疑事无功】yí xíng wú chéng, yí shì wú gōng 疑：怀疑，犹豫不决；行：行动；功：功效。对行动犹豫不决就不会有成功，对事情犹豫不决就不会有效果。《商君书·更法》："臣闻之：疑行无成，疑事无功。君亟定变法之虑，殆无顾天下之议之也。"
真相大白		【真相大白】zhēn xiàng dà bái 真相：指本来面目；大白：彻底弄清楚了。真实的情况完全弄清楚了。

欣喜若狂		【欣喜若狂】xīn xǐ ruò kuáng 形容高兴到了极点。
无可非议		【无可非议】wú kě fēi yì 非议：不赞成，批评。没有什么可以指摘、批评的地方。
无所不用其极		【无所不用其极】wú suǒ bù yòng qí jí 语出《礼记·大学》。原意是指无处不用尽心力。现在指没有一个地方不用极端的手段。形容坏人的极端残暴，坏事做尽。
相提并论		【相提并论】xiāng tí bìng lùn 相提：相比，相对照；并：齐。把性质不同的两件事或两个人不加区别地混在一起来谈论或看待。语本《史记·魏其武安侯列传》“相提而论”。

只要功夫深，铁杵磨成针		【只要功夫深，铁杵磨成针】zhǐ yào gōng fū shēn, tiě chǔ mó chéng zhēn 杵：舂米或捶衣用的棒。只要你肯下工夫，铁杵也能磨成针。比喻只要有毅力，肯下工夫，不论做任何事都能做成。功亦作“工”。
壮志未酬		【壮志未酬】zhuàng zhì wèi chóu 酬：实现。伟大的志愿还没有实现。
知无不言，言无不尽		【知无不言，言无不尽】zhī wú bù yán, yán wú bù jìn 只要是自己知道的就没有不说的，要说就没有一点保留。宋·苏轼《策略第三》：“是以知无不言，言无不行，其所欲用，虽其亲爱可也。”
自取灭亡		【自取灭亡】zì qǔ miè wáng 自己去找死。《阴符经》下：“沉水入火，自取灭亡。

一蟹不如一蟹		【一蟹不如一蟹】yí xiè bù rú yí xiè 比喻一个不如一个。
一心一德		【一心一德】yī xīn yī dé 一德：同心。大家一条心。原作“一德一心”。《尚书·泰誓中》：“乃一德一心，立定厥功，惟克永世。”
以小人之心，度君子之腹		【以小人之心，度君子之腹】yǐ xiǎo rén zhī xīn, duó jūn zǐ zhī fù 小人：指道德品质不好的人；度：推测；君子：旧指品行高尚的人。拿卑劣的想法去推测正派人的心思。语本《左传·昭公二十八年》“愿以小人之腹，为君子之心”。
以眼还眼，以牙还牙		【以眼还眼，以牙还牙】yǐ yǎn huán yǎn, yǐ yá huán yá 以瞪眼回击瞪眼，用嘴咬对付嘴咬。比喻对方怎样来，就用对方的方法来反击。语出《旧约全书·申命记》。

新陈代谢		【新陈代谢】xīn chén dài xiè 代：更换；谢：同“序”，时序，也指衰退；代谢：指时序变化，终始循环，引申为更迭，交替。指生物体经常不断用新物质代替旧物质的过程。也指新事物不断产生发展，代替旧的事物。
响彻云霄		【响彻云霄】xiǎng chè yún xiāo 彻：透过。形容声音非常响亮，能够穿透云层。
大显身手		【大显身手】dà xiǎn shēn shǒu 身手：指本领。形容充分显示自己的本领。
帝王将相，才子佳人		【帝王将相，才子佳人】dì wáng jiàng xiàng, cái zǐ jiā rén 帝王将相：指旧时皇帝和他的文臣武将。才子佳人：泛指有才貌的男女。

物以类聚		【物以类聚】wù yǐ lèi jù　各种事物都按种类聚集在一起。比喻坏人互相勾结。语本《周易·系辞上》："方以类聚，物以群分"。
挟泰山以超北海		【挟泰山以超北海】xié tài shān yǐ chāo běi hǎi　挟：挟持，夹着；超：超越，跨过；北海：古时指北方大海。夹着泰山跨过北海。比喻是不可能做到的事情。语出《孟子·梁惠王上》。
心之官则思		【心之官则思】xīn zhī guān zé sī　心：古人以为心是思维器官，现指脑筋。官：官能，功能，作用；则：文言虚词，就；思：思考，思想。脑筋的作用就是专门思想的。《孟子·告子上》："心之官则思；思则得之，不思则不得也。"
小不忍则乱大谋		【小不忍则乱大谋】xiǎo bù rěn zé luàn dà móu　忍：忍耐，忍受；大谋：大的或整体的计划。常指小事情不肯忍耐就会把整个计划搞乱。语出《论语·卫灵公》。

鸟语花香		【鸟语花香】niǎo yǔ huā xiāng 鸟语：鸟叫。鸟唱歌，花飘香。大都形容春天自然美丽的景象。
拈轻怕重		【拈轻怕重】niān qīng pà zhòng 拈：用手指头来拿东西。比喻只拿轻东西，怕挑重担子。
宁为鸡口，无为牛后		【宁为鸡口，无为牛后】nìng wéi jī kǒu, wú wéi niú hòu 牛后：牛的肛门。宁可小而洁，不愿大而臭。旧时比喻宁可在局面小的地方自主，不愿在局面大的地方任人支配。《战国策·韩策一》："臣闻鄙语曰：'宁为鸡口，无为牛后。'今大王西面交臂而臣事秦，何以异于牛后乎？"
铺张浪费		【铺张浪费】pū zhāng làng fèi 铺张：讲究排场，追求形式上的好看。指为了场面上的好看而浪费人力物力。

普天同庆		【普天同庆】pǔ tiān tóng qìng 普：全面；天：天下，指全国或全世界。天下的人都在庆祝。语出南朝·宋·刘义庆《世说新语·排调》。
群雄振奋		【群雄振奋】qún xióng zhèn fèn 群：聚在一起的人或物。雄：指性别，雄性的人或物。指大家一同振作起来。现比喻热情高涨，满怀激情，勇往直前。
心平气和		【心平气和】xīn píng qì hé 指心情非常平静，态度非常温和。宋·苏轼《菜羹赋》：“先生心平而气和，故虽老而体胖。”
众志成城		【众志成城】zhòng zhì chéng chéng 指万众一心，像坚固的城堡一样不可摧毁。比喻大家团结一致，力量就无比强大。

路见不平，拔刀相助		【路见不平，拔刀相助】lù jiàn bù píng, bá dāo xiāng zhù 路上遇见不平的事情，拔出刀来帮助被欺负的人。形容见义勇为、积极援助被欺负者的行动。《元曲选·杨显之<酷寒亭·楔子>》："这个是路见不平拔刀相助，则是误伤人命。"
茅塞顿开		【茅塞顿开】máo sè dùn kāi 顿：立刻，一下子；茅塞：象茅草阻塞道路。指一下子解开了心里的疙瘩，懂得了某种道理。
鸣金收兵		【鸣金收兵】míng jīn shōu bīng 鸣金：敲锣，古代作战时收兵的信号。敲起锣来，让士兵撤回营垒。比喻结束战斗。
面不改色		【面不改色】miàn bù gǎi sè 指脸上不改变颜色。形容遇到危险时从容镇静。

峥嵘岁月		【峥嵘岁月】zhēng róng suì yuè 峥嵘：高峻的样子，引申为特殊、不平凡的意思。通常形容不平凡的年月。
异军突起		【异军突起】yì jūn tū qǐ 异军：另一支兵。比喻另一种新的力量突然出现。语出《史记·项羽本纪》：“陈婴者，故东阳令史……东阳少年杀其令，欲立婴，便为王，异军苍头特起。”
洋为中用	 （秦篆体）	【洋为中用】yáng wéi zhōng yòng 批判地吸收外国文化中一切有益的东西，为我所用。
有则改之，无则加勉	 （六书体）	【有则改之，无则加勉】yǒu zé gǎi zhī, wú zé jiā miǎn 加：加以；勉：勉励。有缺点错误就改，没缺点错误就用以勉励自己。语出宋·朱熹《朱子全书·论语》。

燎原烈火		【燎原烈火】liáo yuán liè huǒ 燎：烧；原：原野。意思是好像在原野燃烧，使人不可走近。后用“燎原烈火”比喻不断壮大、不可抗拒的革命力量。
鞠躬尽瘁，死而后已		【鞠躬尽瘁，死而后已】jū gōng jìn cuì, sǐ ér hòu yǐ 鞠躬：弯着身子，表示恭敬、谨慎；瘁：劳累；尽瘁：竭尽劳苦，已：停止。不辞劳苦地、辛勤地贡献自己的一切，到死为止。诸葛亮《后出师表》：“臣鞠躬尽力，死而后已。”
名满天下		【名满天下】míng mǎn tiān xià 声名传遍天下。形容声名极大。《管子·白心》：“名满于天下，不若其已也。”
天下为公	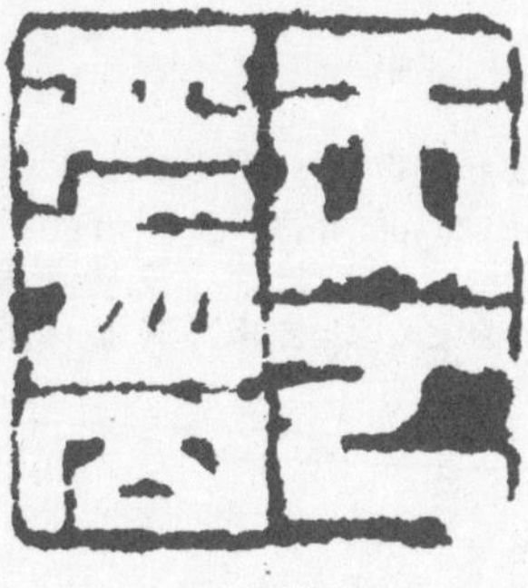	【天下为公】tiān xià wéi gōng 《礼记·礼运》：“大道之行也，天下为公。”孙希旦集解：“天下为公者，天子之位传贤而不传子也。”原意是不把君位当做一家的私有物品，后成为一种美好社会的政治理想。

载歌载舞		【载歌载舞】zài gē zài wǔ 载：文言助词。一边唱，一边跳。形容尽情地欢乐。
战无不胜，攻无不克		【战无不胜，攻无不克】zhàn wú bú shèng, gōng wú bú kè 克：战胜。指打仗没有不取胜的，要攻一个地方没有攻不下来的。形容军队百战百胜或做任何事情都能成功。《战国策·齐策二》："战无不胜，而不知止者，身且死，爵且后归，犹为蛇足也。"
继往开来		【继往开来】jì wǎng kāi lái 继：继承；开：开辟。指继承前人的事业，开拓未来的道路。
身先士卒		【身先士卒】shēn xiān shì zú 作战时将帅们亲自冲锋在前，起到带头的作用。《三国演义》第七十二回："披坚执锐，临难不顾，身先士卒。

推陈出新		【推陈出新】tuī chén chū xīn 抛弃陈旧的，产生新的。清·戴延年《秋灯丛话》：“不特推陈出新饶有别致。”现指排除其糟粕的文化，从而有利于创造新的文化。
所向披靡		【所向披靡】suǒ xiàng pī mǐ 所向：指风吹到的地方；披靡：草木随风倒伏。比喻力量所到之处，什么都抵挡不了。
坚甲利兵		【坚甲利兵】jiān jiǎ lì bīng 精良的武器装备。也指坚强英勇善战的军队。语见《孟子·梁惠王上》。
生龙活虎		【生龙活虎】shēng lóng huó hǔ 比喻活泼矫健，生气勃勃的样子。

自强不息		【自强不息】zì qiáng bù xī 自强：自己努力向上。指自觉地努力向上，永不松劲。语出《周易·乾》："天行健，君子以自强不息。"
乘风破浪		【乘风破浪】chéng fēng pò làng 乘：驾。帆船驾着顺风，破浪前进。《宋书·宗悫传》："悫少时，炳（悫的叔父）向其志，悫答曰：'愿乘长风，破万里浪。'"后用比喻志向远大，不怕困难，奋勇前进。现多指在好条件下或在取得一定成绩的基础上继续前进。
如虎添翼		【如虎添翼】rú hǔ tiān yì 好像是老虎长出了翅膀。比喻本领很大的人又增加新的助力，能力就更大。
正大光明		【正大光明】zhèng dà guāng míng 指襟怀坦白，公正无私。也作"光明正大"。

康庄大道		【康庄大道】kāng zhuāng dà dào 宽阔而又平坦、四通八达的道路。语出自《尔雅·释宫》："五达谓之康，六达谓之庄。"
万马奔腾		【万马奔腾】wàn mǎ bēn téng 形容声势浩大、前进迅速的壮丽景象。
克己奉公		【克己奉公】kè jǐ fèng gōng 克己：约束自己；奉公：以公事为重。《后汉书·祭遵传》："遵为人廉约小心，克己奉公。"指严格要求自己，一心一意为集体。
百尺竿头，更进一步		【百尺竿头，更进一步】bǎi chǐ gān tóu, gèng jìn yī bù 百尽竿头：百尺高的竿子，佛教用来比喻道行修养到极高的境界。后用来以勉励人们不要满足于已取得的成就，还要继续努力，不断前进。

虎口余生		【虎口余生】hǔ kǒu yú shēng 比喻经历极大的危险之后，有幸保存下来的生命。
覆水难收		【覆水难收】fù shuǐ nán shōu 倒在地上的水难收回来。比喻事情已成定局，是无法挽回的。《后汉书·何进传》："国家之事，亦何容易？覆水不收，宜深思之。"
分秒必争		【分秒必争】fēn miǎo bì zhēng 指抓紧时间，连一分一秒也不轻易放过。形容充分利用时间。
烽火连天		【烽火连天】fēng huǒ lián tiān 烽火：古时边防报警的烟火，那时，在边界筑高土台，上面放柴草，遇敌来犯时，就点火报警；现形容战火烧遍各地。

盖棺论定		【盖棺论定】gài guān lùn dìng 盖棺：指人死后装殓入棺。意思是人的好坏、功与过只有到生命终了，他的历史结束后才能作出结论。
歌舞升平		【歌舞升平】gē wǔ shēng píng 升平：太平。为庆祝太平盛世而唱歌跳舞。多指粉饰太平。语本元·陆文圭《<词源>跋》：“淳祐景定间，王邸侯馆，歌舞升平，居生处乐，不知老之将至。”
促膝谈心		【促膝谈心】cù xī tán xīn 促：挨近。席地而坐，或者坐在床上，两人对坐时，膝盖靠近，叫做“促膝”。形容靠近坐着，两人在谈心里话。
喜闻乐见		【喜闻乐见】xǐ wén lè jiàn 喜欢听的，乐意看的事物。

福至心灵		【福至心灵】fú zhì xīn líng 福：福运，迷信者所谓的好运气。迷信者宣扬命运论的一种说法。意思是福运来时，心也灵巧起来。多用以奉承人得意或遇到适当时机时思路灵活、举措得当。清·翟灏《通俗编·祝诵》：“史炤《通鉴疏》引谚：‘福至心灵，祸来神昧。’”
富贵浮云		【富贵浮云】fù guì fú yún 有的人把富贵看得像浮云那样轻飘而流动无定。语出《论语·述而》。
风流云散		【风流云散】fēng liú yún sàn 像风一样流失，像云一样飘散。比喻原来常相聚的人如今却分散到各地。《文选·王粲<赠蔡子笃>诗》：“风流云散，一别如雨。”
翻云覆雨		【翻云覆雨】fān yún fù yǔ 比喻耍弄手段，摆弄权术，反复无常。唐·杜甫《贫交行》诗：“翻手作云覆手雨。”

改头换面		【改头换面】gǎi tóu huàn miàn 比喻只改换形式，而不变内容。唐·寒山《诗三百三首》第二百一十三首："改头换面孔，不离旧时人。"
高谈阔论		【高谈阔论】gāo tán kuò lùn 形容空洞地向人们大发议论。《元曲选·贾仲明<玉梳记>一》："倚仗着高谈阔论，全用些野狐涎扑子弟，打郎君。"
感同身受		【感同身受】gǎn tóng shēn shòu 感：感激；身：亲身。多指心里感激得就像亲身受到对方的恩惠一样。现多比喻虽未亲身经历，却如同亲身经历过一般。
孤家寡人		【孤家寡人】gū jiā guǎ rén 孤家、寡人，都是古时帝王的自称。现在比喻脱离人群、孤立无助的人。

各个击破		【各个击破】gè gè jī pò 各个：逐个；击：攻。军事术语。指利用优势兵力将被分割开的敌军一部分一部分消灭。有时也比喻将问题逐个解决。
死得其所		【死得其所】sǐ dé qí suǒ 所：处所，地方；得其所：找到合适的地方。多形容死得很有价值。
公报私仇		【公报私仇】gōng bào sī chóu 指借着公事来发泄私愤。
刚愎自用		【刚愎自用】gāng bì zì yòng 刚：强硬；愎：任性；自用：只凭自己的主观意图行事。指为人特固执、任性，自以为能而独断独行。宋·苏轼《苏东坡后集·谢宣召八学士院状》："知臣刚愎自用，虽有宽饶之狂；察臣招麾不移，庶几长孺之守。"

改邪归正		【改邪归正】gǎi xié guī zhèng 归：回到。指离开邪路，回到正路上来。也指不再做坏事了。
各抒己见		【各抒己见】gè shū jǐ jiàn 抒：表达，发表。各人充分谈出自己的见地、见解。
感恩戴德		【感恩戴德】gǎn ēn dài dé 感：感激；戴：承受。指感激别人的恩德。
孤儿寡妇		【孤儿寡妇】gū ér guǎ fù 孤儿：没有父母的孩子。指没有依靠、无人保护的人。《晋书·石勒载记》："大丈夫行事，当磊磊落落，如日月皎然，终不能如曹孟德、司马仲达父子，欺他孤儿寡妇，狐媚以取天下。"

发号施令		【发号施令】fā hào shī lìng 号：号召；施：发布。发布命令。《尚书·迥命》："发号施令，罔有不臧。"
阿其所好		【阿其所好】ē qí suǒ hào 阿：曲从，迎合。指迎合他所喜爱的人，或者顺从别人的意图。语出《孟子·公孙丑上》。
多快好省		【多快好省】duō kuài hǎo shěng 指干工作要又多，又快，又好，又省。反面是"少慢差费"。
飞针走线		【飞针走线】fēi zhēn zǒu xiàn 形容缝纫的速度极快。

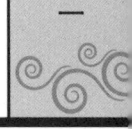

孤掌难鸣		【孤掌难鸣】gū zhǎng nán míng 鸣：声音。一个巴掌是拍不出声音的。比喻一个人力量薄弱，不能成事。《韩非子·功名》：“一手独拍，虽疾无声。”
肺腑之言		【肺腑之言】fèi fǔ zhī yán 肺腑：内心。指发自内心的真诚话。
峨冠博带		【峨冠博带】é guān bó dài 峨冠：戴着高帽子；博带：系着宽腰带。原是古代士大夫的装束。后比喻穿着礼服。《三国演义》第三十七回：“忽人报：‘门外有一先生，峨冠博带，道貌非常，特来相探。’”
悔之无及		【悔之无及】huǐ zhī wú jí 指后悔也来不及了。

封官许愿		【封官许愿】fēng guān xǔ yuàn 封：指古时帝王将土地或官位赏给他人；许愿：指迷信的人为了祈求保佑，向神、佛许下将提供的酬谢。现指用名利地位去拉拢别人，听其使用。
尽善尽美		【尽善尽美】jìn shàn jìn měi 尽：极；好极了，美极了。语出《论语·八佾》。形容事物完美到没有一点儿缺点。
风云变幻		【风云变幻】fēng yún biàn huàn 风一吹云就变化。多比喻局势变化迅速，情况复杂。
高视阔步		【高视阔步】gāo shì kuò bù 高视：眼睛向上看；阔步：步子迈得大。形容人的举动不平凡或态度傲慢。

改弦更张		【改弦更张】gǎi xián gēng zhāng 更：变换；张：给乐器上弦。改换、调整乐器上的弦，使声音和谐。南朝·宋·何承天《上邪篇》："琴瑟时未调，改弦当更张。"比喻变更方针、计划或办法。
妇人之仁		【妇人之仁】fù rén zhī rén 仁：仁慈。旧时轻视妇女，故形容处事姑息优柔，不识大体。《史记·淮阴侯列传》："项王见人，恭敬慈爱，言语呕呕；人有疾病，泣涕分食饮。至使人有功，当封爵者，印刓弊，忍不能予。此所谓妇人之仁也。"
风吹雨打		【风吹雨打】fēng chuī yǔ dǎ 比喻脆弱的花木被风雨摧残。多比喻恶势力对弱小者的迫害。唐·陆希声《李径》诗："风吹雨打未摧残。"
高高在上		【高高在上】gāo gāo zài shàng 《诗经·周颂·敬之》："无曰高高在上。"原来指地位高。现在形容脱离群众，把自已放在群众之上。

高朋满座		【高朋满座】gāo péng mǎn zuò 高：高贵，高尚；座：坐位。高贵的宾客坐满了席位。唐·王勃《王子安集·滕王阁序》：“千里逢迎，高朋满座。”后多用来形容宾客很多。
俗不可耐		【俗不可耐】sú bù kě nài 耐：忍耐。形容庸俗得叫人忍受不了。
扶摇直上		【扶摇直上】fú yáo zhí shàng 扶摇：急剧盘旋而上的暴风。乘着暴风一直上升。形容快速上升。唐·李白《上李邕》诗：“大鹏一日同风起，扶摇直上九万里。”
功成不居		【功成不居】gōng chéng bù jū 居：承当，占有。《老子》二章：“生而不有，为而不恃，功成而不（一作‘弗’）居。”原来说任其自然存在，不占为己有。后形容立了功而不把功劳归于自己。

高人一等		【高人一等】gāo rén yì děng 比喻为人处事比一般人高出一等。
高山流水		【高山流水】gāo shān liú shuǐ 比喻知己或知音。也比喻乐曲的高妙。语本《列子·汤问》。
负荆请罪		【负荆请罪】fù jīng qǐng zuì 负：背着；荆：荆条，古时用作打人的刑具。据《史记·廉颇蔺相如列传》记载，蔺相如和廉颇是战国时赵国的文臣和武将，廉颇的官位在蔺之下，心中不服。扬言见到蔺要羞辱他。从此蔺就躲避廉颇。有人问，为什么这样。蔺相如回答说，要是同廉颇发生冲突，对国家不利。廉颇听说以后，就背上荆条到蔺家去道歉。后来就用"负荆请罪"表示完全承认自已的错误，请求对方惩罚。
功成名遂		【功成名遂】gōng chéng míng suì 遂：成功。指功绩和声名都已经取得了。《墨子·修身》："功成名遂，名誉不可虚假。"

以身殉职		【以身殉职】yǐ shēn xùn zhí 指为忠于自己的本职工作而贡献出生命。
一则以喜，一则以惧		【一则以喜，一则以惧】yī zé yǐ xǐ, yī zé yǐ jù 以：因。一方面因而高兴，一方面因而恐惧。语出《论语·里仁》。
易如反掌		【易如反掌】yì rú fǎn zhǎng 多指做任何事容易得像翻转手掌一样。《文选·枚乘<上书谏吴王>》：“必若所欲为，危于累卵，难于上天；变所欲为，易于反掌，安于泰山。”
以沫相濡		【以沫相濡】yǐ mò xiāng rú 以：用；沫：唾沫；濡：沾湿，使以湿润。《庄子·大宗师》：“泉涸，鱼相与处于陆，相呴以湿，相濡以沫。”原意是泉水干枯了，鱼就吐沫来相互沾湿。后来就用“以沫相濡”比喻人在困难处境中用其微薄的力量来相互救助。

运用之妙，存乎一心		【运用之妙，存乎一心】yùn yòng zhī miào, cún hū yī xīn 妙：巧妙，也指灵活性；存乎：在于；心：指动脑子思考。《宋史·岳飞传》记载，岳飞在宗泽部下当偏将时，屡立战功。一次宗泽送给岳飞一张阵图，要他好好学习。岳飞回答说："阵而后战，兵当之常，运用之妙，存乎一心。"意思是运用得巧妙，全在于善于思考。指战争的胜败是与指挥员能否根据实际情况机动灵活地指挥有着很大的关系。
芸芸众生	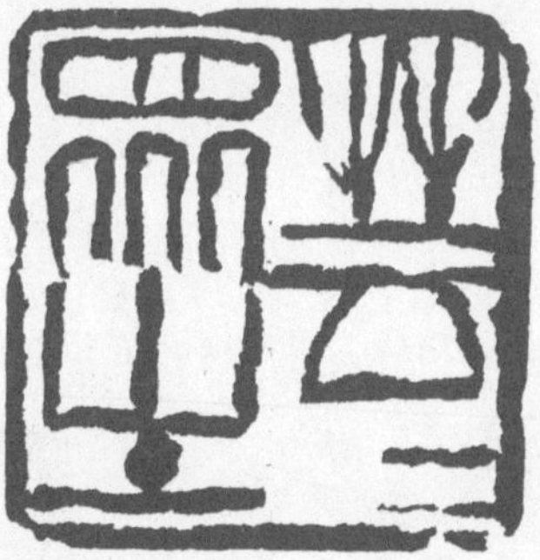	【芸芸众生】yún yún zhòng shēng 芸芸：众多的样子；众生：多指人类和一切动物，又为梵语"萨捶"的意译。大多指一大群无知无识的人。
有眼不识泰山		【有眼不识泰山】yǒu yǎn bù shí tài shān 泰山：今山东省境内的大山。指长了眼睛，却不认识泰山。比喻见闻浅陋，不认得著名人物。
知其一，不知其二		【知其一，不知其二】zhī qí yī, bù zhī qí èr 知道事物的一方面，不知道还有另外的一方面。形容对事物的了解不全面。《史记·高祖本纪》："公知其一，未知其二。"

虎踞龙盘		【虎踞龙盘】hǔ jù lóng pán 踞：蹲或坐。《太平御览》引张勃《吴录》记载，三国时，诸葛亮论金陵（南京）地形时曾说：“钟阜龙盘，石城虎踞。”意思是说，钟山像龙盘绕在东面，石头城（即南京城）像虎蹲在西面。后来就用“虎踞龙盘”指称南京城，有赞美其地势险要、雄伟的意思。
后生可畏		【后生可畏】hòu shēng kě wèi 后生：青年人，后辈；畏：敬服。这里指青年人很容易超过老一辈，他们是可敬畏的。语出《论语·子罕》。
蒸蒸日上		【蒸蒸日上】zhēng zhēng rì shàng 蒸蒸：上升和兴盛的样子。形容好的事物一天天地向上发展，速度很快。
古往今来		【古往今来】gǔ wǎng jīn lái 指从古到今。《文选·潘岳<西征赋>》：“古往今来，邈矣悠哉！”

尘饭涂羹		【尘饭涂羹】chén fàn tú gēng 尘饭：土做的饭；涂：泥；羹：五味调和的浓汤，也指煮成浓液的食品。比喻没有用处的东西。《韩非子·外储说左上》："婴儿相与戏，以尘为饭，以涂为羹，以木为胾（zì），然至日晚必归饷者，尘饭涂羹，可以戏而不可食也。"
土壤细流		【土壤细流】tǔ rǎng xì liú 比喻事物虽然很细微，但经过不断的积累，就能发生巨大的作用。《史记·李斯列传》："太山不让土壤，故能成其大；河海不择细流，故能就其深。"
不寒而栗		【不寒而栗】bù hán ér lì 栗：打颤，发抖。不寒冷而发抖。形容非常非常的恐惧。《史记·酷吏列传》："是日皆报杀四百余人，其后郡中不寒而栗。"
不可开交		【不可开交】bù kě kāi jiāo 交：纠缠在一起；开交：解决，摆脱。比喻没法摆脱。

杯水车薪		【杯水车薪】bēi shuǐ chē xīn 车薪：一车柴草。指用一杯水来救一大车着火的柴草。比喻力量太小，无济于事。语本《孟子·告子上》“犹以一杯水救一车薪之火也”。
安贫乐道		【安贫乐道】ān pín lè dào 道：主张，思想。安于贫穷，以坚持自己的信念为乐。旧时士大夫所主张的为人处世之道。《后汉书·杨彪传》：“安贫乐道，恬于进趣，三辅诸儒莫不仰慕之。”
安如泰山		【安如泰山】ān rú tài shān 泰山：今山东境内的名山。牢固得就像泰山一样。多形容事物的稳固、牢靠，不可动摇。《文选·枚乘<上书谏吴王>》：“乘所欲为，易于反掌，安于泰山。”
万众一心		【万众一心】wàn zhòng yī xīn 指千万人一条心。形容团结一致。语本《后汉书·朱儁传》：“万人一心，犹不可当，况十万乎！”

不虞之誉		【不虞之誉】bù yú zhī yù 虞：预料；誉：称赞。多指没有预料到的赞扬。语出《孟子·离娄上》。
班荆道故		【班荆道故】bān jīng dào gù 班：铺开；荆：黄荆，一种落叶灌木；道：谈说；故：过去的事情。形容朋友途中相遇，共谈旧情。语本《左传·襄公二十六年》"伍举奔郑，将遂奔晋。声子将如晋，遇之于郑郊，班荆相与食，而言复故"。
半路出家		【半路出家】bàn lù chū jiā 出家：指当和尚或尼姑。年岁很大了才去当和尚或尼姑。比喻半路上才学着干某一行，却不是本行出身。
专心一志		【专心一志】zhuān xīn yī zhì 一志：一心一意。形容做事非常专注。《荀子·性恶》："今使途之人服术为学，专心一志，思索熟察，加日悬久，积善而不息，则通于神明，参于天地矣。"

国色天香		【国色天香】guó sè tiān xiāng 多指色香俱美的牡丹花。唐·李正封《咏牡丹》："天香夜染衣，国色朝酣酒。"后来也形容女性的美丽。
兵不厌诈		【兵不厌诈】bīng bù yàn zhà 厌：满足；诈：欺骗。用兵打仗要尽可能多地采用迷惑敌人的方法。《孙子·计篇》："兵者，诡道也。"唐·李筌注："兵不厌诈。"
背信弃义		【背信弃义】bèi xìn qì yì 背：违背；弃，丢弃。指不守信用和道义的人。《北史·周本纪》："背惠怒邻，弃信忘义。"
悲喜交集		【悲喜交集】bēi xǐ jiāo jí 指悲伤和喜悦相互交织在一起。《晋书·王库传·中兴赋》："当大明之盛，而守局遐外，不得奉瞻大礼，闻问之日，悲喜交集。"

背城借一		【背城借一】bèi chéng jiè yī 背：背向；背城：背向自己的城堡，不获胜利不回来；借一：借一战。背向自己的城堡，决一死战；意思是作最后的一战。《左传·成公二年》："请收合余烬，背城借一。"
磨穿铁砚		【磨穿铁砚】mó chuān tiě yàn 铁砚：铁铸的砚台，据《新五代史·桑维翰传》记载，桑维翰曾铸铁砚。为了抄书，把铁铸的砚台都磨穿了。形容用功读书，持久不懈。
劳苦功高		【劳苦功高】láo kǔ gōng gāo 出了很多力，吃了很多苦，立下了很大的功劳。《史记·项羽本纪》："劳苦而功高如此。"
不见经传		【不见经传】bù jiàn jīng zhuàn 经传：指被古人尊崇为典范的著作。指没有见到经传上有这样的说法。后常指人没有名声或论述没有根据。宋·洪迈《容斋三笔·卷十三·再书博古图》："考诸前代，叔夜之名，不见于经传，惟周八士有叔夜，岂其族欤。"也指说法没有书本根据，没有来历。

杯弓蛇影		【杯弓蛇影】bēi gōng shé yǐng 据《晋书·乐广传》记载，乐广一次请客吃饭，挂在墙上的弓照在酒杯里，有个客人以为是蛇，回去就老是不放心，因而得了病。乐广知道后又把那位客人请来，还在原处吃饭喝酒，让他明白了杯里有蛇影的真相，这个客人的病就好了。后来用“杯弓蛇影”比喻疑神疑鬼，自相惊扰。
光前裕后		【光前裕后】guāng qián yù hòu 光前：给前人增光；裕后：为后人造福。形容业绩伟大。旧时常用以奉承人由寒微而爬上高官。
荒诞不经		【荒诞不经】huāng dàn bù jīng 荒诞：虚妄不可信；不经：不合常理。形容言行很荒谬，不符合情理。
知人善任		【知人善任】zhī rén shàn rèn 知：知道，了解；任：任用，使用。指了解部下而且又善于使用他们。《文选·班彪<王命论>》：“盖在高祖，其兴也有五：一曰帝尧之苗裔，二曰体貌多奇伟，三曰神武有征应，四曰宽明而仁恕，五曰知人善任使。”

白面书生		【白面书生】bái miàn shū shēng 旧指年轻识浅、阅历并不多的读书人。《宋书·沈庆之传》：“陛下令欲伐国，而与白面书生辈谋之，事何有济？”
长袖善舞		【长袖善舞】cháng xiù shàn wǔ 原比喻有所凭借，事情容易成功。后来形容有财势、有手腕的人善于钻营。语本《韩非子·五蠹》。
遍地开花		【遍地开花】biàn dì kāi huā 遍：普及，到处。比喻事物普遍地推广或全面地展开。
豹死留皮		【豹死留皮】bào sǐ liú pí 语出《新五代史·王彦章传》：“（彦章）尝为俚语谓人曰：‘豹死留皮，人死留名。’比喻人死了以后要留下好名声。

惨不忍闻		【惨不忍闻】cǎn bù rěn wén 闻：听。形容悲惨得再不忍心听下去了。
不了了之		【不了了之】bù liǎo liǎo zhī 不了：不过问。用不过问的办法来把事情拖过去，就算完结。
一字千金		【一字千金】yī zì qiān jīn 据《史记·吕不韦传》记载，吕不韦叫他的门客编了一部《吕氏春秋》，公布于咸阳市门，有能增减一字者，给予千金。后来就用"一字千金"形容诗文的价值极高，以表示对文辞的赞美。
一树百获		【一树百获】yī shù bǎi huò 树：种植。种一次就能收获一百次。比喻培养人才可以长期收益。《管子·权修》："一树一获者，谷也；一树十获者，木也；一树百获者，人也。"

不无小补		【不无小补】bù wú xiǎo bǔ 指作用虽然不大，但多少还有一些帮助。
再接再厉		【再接再厉】zài jiē zài lì 接：交战；厉：同“砺”，磨快，奋勉。唐·韩愈《昌黎先生集·斗鸡联句》：“一喷一醒然，再接再砺乃。”下句写公鸡相斗，每次交锋，都要磨快它的利嘴。比喻一次又一次地继续努力，越来越振奋越勇猛。
不平则鸣		【不平则鸣】bù píng zé míng 鸣：发出声音，指有所抒发或表示。受到不公平的待遇就要发出不满的呼声。语本唐·韩愈《昌黎先生集·送孟东野序》“大凡物不得其平则鸣”。
称体裁衣		【称体裁衣】chèn tǐ cái yī 称：适合，相符，符合。指切合身体的长短大小来裁剪衣服。比喻事情做得符合需要。《南齐书·张融传》：“太祖手诏赐融衣曰：‘今送一通故衣，是吾所着，已令裁减，称卿之体。’”

严于律己		【严于律己】yán yú lǜ jǐ 严格要求自己。
一身是胆		【一身是胆】yī shēn shì dǎn 指整个身体都是胆。形容特别勇敢，无所畏惧。《三国志·蜀志·赵云传》注引《赵云别传》："先主明旦自来，至云营围视昨战处。曰：'子龙一身都是胆也！'"
忠心耿耿		【忠心耿耿】zhōng xīn gěng gěng 耿耿：忠诚的样子。形容对人、对事非常忠诚。
悲天悯人		【悲天悯人】bēi tiān mǐn rén 天：指天命；悲天：指哀叹时世；悯：哀怜。语出唐·韩愈《争臣论》"诚畏天命而悲人穷也"。指哀叹时世的艰辛，怜悯人民大众的疾苦，用以表示对社会的腐败，人民的疾苦，感到悲愤和不平。

长斋绣佛		【长斋绣佛】cháng zhāi xiù fó 长斋：终年吃素；绣佛：刺绣的佛像。指吃长斋于佛像之前。多形容修行信佛。唐·杜甫《饮中八仙歌》："苏晋长斋绣佛前。"
鞭长莫及		【鞭长莫及】biān cháng mò jí 及：够得上。语出《左传·宣公十五年》："虽鞭之长，不及马腹。"意思是说虽然鞭子很长，但总打不到马肚子上。后用"鞭长莫及"比喻力不能及。
必恭必敬		【必恭必敬】bì gōng bì jìng 必：一定；恭：有礼貌。形容十分恭敬的样子。语本《诗经·小雅·小弁》"维桑与梓，必恭敬止"。
察察为明		【察察为明】chá chá wéi míng 察察：辨析得清楚；明：精明。把能够苛察细小的事情当做精明。形容人只苛察小事。《晋书·皇甫谧传》："欲温温而和畅，不欲察察而明切也。"

天从人愿		【天从人愿】tiān cóng rén yuàn 天也顺从人的意愿。形容事情恰如所望。《元曲选·张国宾<合汗衫>二》："谁知天从人愿，到的我家，不上三日，添了一个满抱儿小厮。"
空前绝后		【空前绝后】kōng qián jué hòu 以前不曾有过的，以后也不会再有了。形容极其难得、独一无二的成就或事物。
豁然开朗		【豁然开朗】huò rán kāi lǎng 指一下子现出开阔明朗的境界。晋·陶潜《陶渊明集·桃花源记》："初极狭，才通人；复行数十步，豁然开朗。"形容突然一下子领悟了某种道理。
万象森罗		【万象森罗】wàn xiàng sēn luó 森：众多；罗：罗列。指包括各种现象。宋·释道原《景德传灯录·卷二十·池州嵇山章禅师》："投子吃茶次，谓师曰：'森罗万象，总在遮一碗里。'师便覆却茶云：'森罗万象在什么处？'"

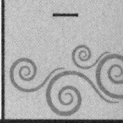

不能赞一辞		【不能赞一辞】bù néng zàn yī cí 赞一辞：添一句话。提不出一点意见。语出《史记·孔子世家》。后多用以赞扬文章写得好。
艰苦朴素		【艰苦朴素】jiān kǔ pǔ sù 朴素：俭朴，朴实。多指能吃苦耐劳、认真踏实的工作作风。
回头是岸		【回头是岸】huí tóu shì àn 回头：彻悟。佛家语："苦海无边，回头是岸。"意思是只要觉悟了，就能达到彼岸。后借用比喻犯了错误的人只要悔改，就有生路。
不愧屋漏		【不愧屋漏】bù kuì wū lòu 愧：惭愧；屋漏：古时室内西北角安放小帐的地方。《诗经·大雅·抑》："相在尔室，尚不愧于屋漏。"原意是虽在宗庙里，但无严肃敬畏的心思。后借用来表示虽然在别人看不见的地方，也不做坏事。

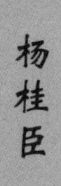

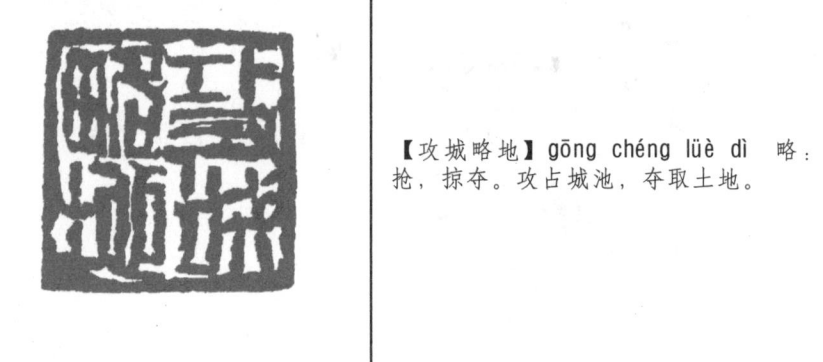

攻城略地		【攻城略地】gōng chéng lüè dì　略：抢，掠夺。攻占城池，夺取土地。
伐毛洗髓		【伐毛洗髓】fà máo xǐ suǐ　伐：削除。毛：毛发。削除旧毛发，清洗旧骨髓。比喻涤除尘垢污秽，脱凡胎俗骨成仙成圣。
篝火狐鸣		【篝火狐鸣】gōu huǒ hú míng　篝：竹笼。篝火：把火放在竹笼里，从远处看，很像磷火。在竹笼里点上火，学狐狸叫的声音。原指陈涉、吴广假托狐鬼之事来发动群众起义。后比喻策划起义。
骨鲠在喉		【骨鲠在喉】gǔ gěng zài hóu　鲠：鱼骨。鱼骨等小骨头卡在喉咙里。比喻心里有话，不说出来就非常难受。

截长补短		【截长补短】jié cháng bǔ duǎn　截：切断。把长的切下来接补短的，谓损有余以补不足。
颊上添毫		【颊上添毫】jiá shàng tiān háo　颊：面颊。毫：细毛。比喻文章叙述生动，描写传神。
津津有味		【津津有味】jīn jīn yǒu wèi　津：口液，唾液。津津：兴趣浓厚的样子。形容趣味很浓或很有滋味。
即鹿无虞		【即鹿无虞】jí lù wú yú　即：就，接近；虞：虞官，掌管山泽的官。《周易·屯》："即鹿无虞，惟入于山林。"意思是追逐鹿时，没有熟悉地形和鹿性的虞官帮助，那只是空入山林。比喻如条件不具备就草率从事，必然徒劳无功。